Guttentag'sche Sammlung
№ 36. Deutscher Reichsgesetze. № 36.
Text-Ausgaben mit Anmerkungen.

Gesetze,

betreffend

die privatrechtlichen Verhältnisse der Binnenschiffahrt und der Flößerei.

Vom 15. Juni 1895.

Nach den Materialien erläutert

von

H. Makower,
Justizrath.

Berlin SW. 48.
Wilhelmstraße 119/120.
J. Guttentag, Verlagsbuchhandlung.
1896.

Vorwort.

Der vorliegende Kommentar will die Anwendung der durch ihn erörterten Gesetze im Sinne des Gesetzgebers erleichtern, und giebt zu diesem Zwecke die Motive an, welche für die einzelnen gesetzlichen Bestimmungen theils in der Begründung des von den Bundesregierungen vorgelegten Entwurfs, theils in dem Berichte der vom Reichstag eingesetzten Kommission, theils im Plenum des Reichstags geltend gemacht wurden. Die Begründung ist soweit als möglich in ihrem Wortlaut angeführt. Manche Ueberarbeitungen wurden jedoch durch die vom Reichstage vorgenommenen Aenderungen nothwendig. Hoffentlich werden die gegebenen Erläuterungen von einigem Nutzen für die richtige Anwendung der bezeichneten Gesetze sein, welche die erste allgemeine deutsche Regelung der betreffenden Materien enthalten.

Inhalt.

A. Gesetz, betreffend die Binnenschiffahrt.

B. Gesetz, betreffend die Flößerei.

(Nr. 2245.)

Gesetz,

betreffend

die privatrechtlichen Verhältnisse der Binnenschiffahrt.

Vom 15. Juni 1895.

(R.G.Bl. 1895. Nr. 23. S. 301.)

Wir **Wilhelm**, von Gottes Gnaden Deutscher Kaiser, König von Preußen rc.

verordnen im Namen des Reichs, nach erfolgter Zustimmung des Bundesraths und des Reichstags, was folgt:[1])

[1]) Am 13. Dezember 1894 legte der Reichskanzler dem Reichstag den Entwurf eines G. betr. die privatrechtlichen Verhältnisse der Binnenschiffahrt vor (Nr. 81 der Drucksachen. 9. Legislatur-Periode 3. Session 1894/95). Der Entwurf wurde in der Sitzung vom 25. u. 26. Januar 1895 zum ersten Male berathen und an eine Kommission verwiesen, welche in Nr. 253 der Drucksachen ihren Bericht erstattete. Die zweite Berathung fand im Reichstag am 29. April und die dritte am 4. Mai 1895 statt. Das aus jenen Berathungen hervorgegangene Gesetz ist am 15. Juni 1895 sanktionirt und im Reichs-Gesetzblatt Nr. 23 von 1895 S. 301 veröffentlicht. Nach § 142 desselben tritt es am 1. Januar 1896 in Kraft.

Erster Abschnitt.

Schiffseigner.

§. 1.

Schiffseigner im Sinne dieses Gesetzes ist der Eigenthümer eines zur Schiffahrt auf Flüssen oder sonstigen Binnengewässern bestimmten und hierzu von ihm verwendeten Schiffes.[1])

Zu § 1.

[1]) a. **Schiffseigner.** Der Art. 45 H.G.B. sagt: Rheder ist der Eigenthümer eines ihm zum Erwerb durch die Seefahrt dienenden Schiffs. Der § 1 d. G. lautet absichtlich etwas anders; er sieht davon ab, ob das Schiff einem Erwerbszwecke dient, umfaßt also nicht blos die Eigenthümer der zur Güter- u. Personenbeförderung sowie zur Schleppschiffahrt und Fischerei bestimmten Schiffe, sondern auch die Eigenthümer von Lustyachten, von Hafenpolizeidampfern und ähnlichen im amtlichen Dienste benutzten Fahrzeugen, bezieht sich aber nur (wie e contrario aus § 2 hervorgeht) auf solche Eigenthümer, welche selbst die Verfügung über das Schiff haben, gleichviel ob sie es selbst führen oder durch einen ihrer Weisung unterworfenen Schiffer führen lassen, und ob die Verwendung des Schiffes für eigene oder fremde Rechnung erfolgt. Ueberläßt der Eigenthümer die selbstständige Verwendung des Schiffes durch Vermiethung oder sonstigen Vertrag einem Dritten, oder wird die selbstständige Verfügung über das Schiff ihm sonst entzogen, so gilt er Dritten gegenüber nicht mehr als Schiffseigner im Sinne des § 1 (Begr. S. 34).

b. **Miteigner.** Auf das Verhältniß mehrerer Miteigner eines Binnenschiffes finden die Grundsätze des

Schiffsgläubiger (§§. 102 bis 116) herleitet, an der Durchführung des Anspruchs nicht hindern, sofern er nicht beweist, daß die Verwendung ihm gegenüber eine widerrechtliche und der Gläubiger nicht in gutem Glauben war. [1])

Zu § 2.

[1]) **Ausrüster.** Wer ein Schiff, das einem Andern gehört, auf Grund eines Miethsvertrages oder sonstigen Gebrauchsüberlassungs=Vertrages oder ohne Recht zur Schiffahrt verwendet und über dasselbe selbstständig verfügt, namentlich dem Schiffer gegenüber die Stellung des verfügungsberechtigten Unternehmers inne hat, wird Dritten gegenüber als Schiffseigner im Sinne dieses G. angesehen, insbesondere hinsichtlich der Haftpflicht (analog Art. 477 H.G.B.). Die Worte: im Sinne dieses Gesetzes sollen andeuten, daß der Ausrüster nicht auch in anderen Beziehungen als Eigenthümer des Schiffes behandelt werden soll; er ist daher namentlich nicht zu einer eigenmächtigen Veräußerung oder Verpfändung des Schiffes befugt; derartige Verfügungen sind vielmehr ungültig, soweit sie nicht nach den allgemeinen Grundsätzen über den Schutz des gutgläubigen Erwerbers aufrecht erhalten werden. Ebensowenig bezieht sich die Bestimmung auf das Gebiet des öffentlichen Rechts; es wird also auch nicht die Frage berührt, ob Anforderungen und Auflagen der Strompolizeibehörden in Ansehung des Schiffes gegen den Eigenthümer als solchen oder gegen den Ausrüster zu richten sind. Auch darüber, ob Kosten, die in einem solchen Falle von dem Ausrüster bestritten werden mußten, diesem endgültig zur Last bleiben oder ihm von dem Schiffseigner zu erstatten sind, ist die Entscheidung nicht aus dem § 2, sondern aus dem zwischen beiden etwa bestehenden Vertragsverhältniß oder aus allgemeinen Rechtsgrundsätzen zu entnehmen.

§. 3.

Der Schiffseigner ist für den Schaden verantwortlich, welchen eine Person der Schiffsbesatzung einem Dritten durch ihr Verschulden in Ausführung ihrer Dienstverrichtungen zufügt.[1])

Zur Schiffsbesatzung gehören der Schiffer, die Schiffsmannschaft (§. 21) und alle übrigen auf dem Schiffe angestellten Personen mit Ausnahme der Zwangslootsen.[2])

Zu § 3.

[1]) a. **Haftpflicht.** Der Abs. 1 des § 3 entspricht wörtlich der im § 451 H.G.B. für den Rheder gegebenen Vorschrift. Er bestimmt, daß der Schiffseigner, nicht aber mit welchen Vermögenswerthen er für den Schaden haftet, welchen eine Person der Schiffsbesatzung einem Dritten durch ihr Verschulden in Ausführung ihrer Dienstverrichtungen zufügt, gleichviel ob der Schiffseigner in einem Vertragsverhältniß zu dem Dritten steht oder nicht, also namentlich für den Schaden durch Zusammenstoß mit einem anderen Schiffe, Anfahren gegen Brücken, Schleusen, Uferanlagen, Badeanstalten u. dgl. m. sowie durch Verletzung des Körpers oder der Gesundheit von Personen. Der Schiffseigner haftet also nicht blos für sein persönliches Verschulden oder nur für culpa in eligendo, vielmehr allgemein für schuldbare Verletzungen durch Personen der Schiffsbesatzung im Dienste. Wer hieraus einen Anspruch herleitet, ist für das Verschulden beweispflichtig.

b. Die Anwendung des Abs. 1 des § 3 ist aber nicht auf schuldhafte Verletzungen durch unerlaubte Handlungen im engeren Sinne (wie Sach- und Körperbeschädigungen) zu beschränken, vielmehr auch auf Verletzung von Dienstobliegenheiten des Schiffers zu erstrecken, welche an sich nicht die Erfüllung von Vertragspflichten des Schiffseigners betreffen, wie z. B. (§§ 91, 99) auf die vorzeitige Auslieferung von Gütern, auf welchen Havereibeiträge oder Bergungs- oder Hülfskosten haften, oder im Falle wenn Schiffseigner und Frachtführer verschiedene Personen sind. In diesem Falle kann auch bei Verlust oder Beschädigung von Frachtgütern sowie bei verspäteter Ablieferung derselben ein Anspruch gegen den Schiffseigner nur auf die Bestimmung des § 3 gegründet werden.

c. Inwieweit der Schiffseigenthümer den Ladungsbetheiligten aus dem Frachtvertrage namentlich wegen des Verlustes oder der Beschädigung von Frachtgütern haftet, ist in den §§ 57 ff. d. G., und wieweit er hierbei für seine Leute und andere Personen haftet, deren er sich bei der Ausführung des von ihm übernommenen Transports bedient, im Art. 400 H.G.B. bestimmt. (Begr. S. 37 u. 86.) Der letztere lautet: Der Frachtführer haftet für seine Leute und für andere Personen, deren er sich bei Ausführung des von ihm übernommenen Transports bedient.

d. Der Schleppschiffahrts-Unternehmer haftet für Schäden, welche dem geschleppten Schiffe durch Verschulden der Besatzung des Schleppschiffes zugefügt werden schon aus den für den Werkvertrag geltenden Grundsätzen des bürgerlichen Rechts. Nach § 3 haftet er aber auch den Ladungsbetheiligten des geschleppten Schiffes, sofern durch Verschulden der Besatzung des Schleppschiffes Frachtgüter verloren gegangen oder beschädigt worden sind. Ist den Ladungsbetheiligten oder dritten Personen ein Schaden nicht durch die Besatzung des Schleppschiffes, sondern des geschleppten Schiffes zugefügt, so trifft die Verantwortlichkeit diesen gegenüber nur den Eigner des letzteren Schiffes, auch wenn etwa die Besatzung des geschleppten Schiffes gleichfalls von dem Schleppschiffahrts-Unternehmer gestellt ist. Der Eigner des geschleppten Schiffes hat dann auf

Grund seines Vertragsverhältnisses (des Frachtvertrages) Regreß gegen den Schleppschiffahrts-Unternehmer. Soweit nach bürgerlichem Recht (code civil Art. 1384) auch in dem erwähnten Falle ein unmittelbarer Anspruch des Geschädigten gegen den Schleppschiffahrts-Unternehmer sich begründen läßt, wird hieran nichts geändert, nur ist dann die Haftung durch § 4 Ziff. 3 beschränkt. (Begr. S. 39.)

e. In der Kommission (Ber. S. 20) wurde konstatirt, daß in Ansehung der Bestimmungen über das Verschulden bei großer Haverei (§ 79 Abs. 2 u. 3) zu der Schiffsbesatzung auch der sein Schiff selbstführende Schiffseigner gehört.

[2]) Der Abs. 2 des § 3 schließt sich dem Art. 445 H.G.B. an, bestimmt jedoch ausdrücklich, daß der Zwangslootse nicht zur Schiffsbesatzung gehört, ein Grundsatz, der im Seerecht nicht allgemein ausgesprochen, vielmehr nur für den Fall der Schiffskollision (Art. 740) zur Anwendung gebracht ist. (Begr. S. 40.)

§. 4.

Der Schiffseigner haftet nicht persönlich, sondern nur mit Schiff und Fracht:[1])

1. wenn der Anspruch auf ein Rechtsgeschäft gegründet wird, welches der Schiffer als solcher kraft seiner gesetzlichen Befugnisse und nicht mit Bezug auf eine Vollmacht geschlossen hat;
2. wenn der Anspruch auf die Nichterfüllung oder auf die unvollständige oder mangelhafte Erfüllung eines von dem Schiffseigner abgeschlossenen Vertrages gegründet wird, insofern die Ausführung des Vertrages zu den Dienstobliegenheiten des Schiffers gehört, ohne Unter-

schied, ob die Nichterfüllung oder die unvollständige oder mangelhafte Erfüllung von einer Person der Schiffsbesatzung verschuldet ist oder nicht; [3])

3. wenn der Anspruch auf das Verschulden einer Person der Schiffsbesatzung gegründet wird. [4])

Durch die vorstehenden Bestimmungen wird die persönliche Haftung des Schiffseigners im Falle eigenen Verschuldens desselben nicht berührt. Der Schiffseigner haftet jedoch, auch wenn er selbst das Schiff führt, für einen durch fehlerhafte Führung des Schiffes entstandenen Schaden ausschließlich mit Schiff und Fracht, es sei denn, daß ihm eine bösliche Handlungsweise zur Last fällt. [5])

Sind mehrere Schiffe in einem Schleppzuge vereinigt, so erstreckt sich die Haftung nur auf dasjenige Schiff, welches den Schaden verursacht hat, und auf die Fracht dieses Schiffes. Der Fracht steht bei Schleppschiffen der Schlepplohn gleich. [6])

Zu § 4.

[1]) **Haftungsobjekt.** Der § 4 ist in seinen 3 Ziffern dem Art. 452 H.G.B. nachgebildet, und beruht wie dieser auf dem System der beschränkten rein dinglichen Haftung. Der Schiffseigner kann daher in diesen Fällen nur bei Vermeidung der Zwangsvollstreckung in Schiff und Fracht verurtheilt werden.

[2]) Nach Ziff. 1 tritt die beschränkte Haft für Verbindlichkeiten aus Rechtsgeschäften ein, welche der Schiffer als solcher kraft seiner gesetzlichen Befugnisse, und

nicht mit Bezug auf eine ihm ertheilte Vollmacht geschlossen hat. Im Art. 452 Ziff. 1 heißt es: besondere Vollmacht; das Wort „besondere" ist im § 4 fortgelassen, um das Mißverständniß zu verhindern, als müßte die Vollmacht zur Begründung der persönlichen Haftung eine Spezialvollmacht sein.

[3]) Unter Ziff. 2 fällt namentlich die Haftung, welche den Schiffseigenthümer als Frachtführer in den Fällen des Verlustes oder der Beschädigung oder der verspäteten Ablieferung von Frachtgütern trifft, desgleichen die Haftung des Schleppschiffahrts-Unternehmers gegenüber den Eigenthümern der geschleppten Schiffe, und die Haftung der zur Personenbeförderung bestimmten Schiffahrts-Unternehmungen gegenüber den Reisenden. Voraussetzung ist, daß die zur Ausführung der Verträge nothwendigen Handlungen ihrer Natur nach oder vermöge besonderer gesetzlicher Bestimmungen (§§ 8, 69) zu den Dienstobliegenheiten des Schiffers gehören.

[4]) Im Falle der Ziff. 3 beschränkt sich die Haftung auf dasjenige Schiff, dessen Besatzung den Schaden verschuldet hat, falls also ein Schiff geschleppt wird und dessen Besatzung den Schaden schuldbar herbeigeführt hat, auf dieses Schiff und auf die für dessen Ladung bedungene Fracht. Die Besatzung eines Schleppers gilt im Hinblick auf ihre Beförderung der geschleppten Schiffe zugleich als deren Besatzung (R.G. XX, 84). Die Letzteren haften daher im Falle der Schadenzufügung auch dann, wenn die Besatzung des ersteren den Schaden verschuldet hat.

[5]) a. Die Beschränkung der Haft mit Schiff und Fracht beruht auf dem Maße der Verantwortlichkeit für fremdes Verschulden, fällt also fort, wenn den Schiffseigner ein persönliches Verschulden trifft, insbesondere hinsichtlich der Erfüllung der Frachtverträge (Ziff. 1 und 2) oder der durch fehlerhafte Anweisungen (§ 7 Abs. 3) herbeigeführten Schäden (Ziff. 3). In solchen Fällen haftet der

Schiffseigner unbeschränkt. Selbstverständlich kann eine besondere Gewährleistung auch für die Fälle, in welchen der Eigner ex lege nur beschränkt haften würde, bedungen werden (Art. 452 Abs. 2 H.G.B.).

b. Die Begr. des Entw. S. 42 zog aus der unbeschränkten Haft für persönliches Verschulden die Folgerung, daß der Schiffseigner, welcher das Schiff selbst führt, also zugleich Schiffer ist, auch für die ihm bei der Führung des Schiffes zur Last fallenden Versehen und die hierdurch den Ladungsbetheiligten oder dritten Personen erwachsenden Schäden persönlich einzustehen habe, wodurch die Lage der kleineren Unternehmer ungünstiger würde, als die der größeren Betriebe. Die Kommission des Reichstags (Ber. S. 4) änderte dies jedoch durch den Zusatz zu Abs. 2 des § 4 dahin, daß, abgesehen von dem Falle, wenn der Schiffseigner, der sein Schiff selbst führt, böslich handelt, er auch für einen durch Führung des Schiffes (durch ein nautisches Versehen) entstandenen Schaden nur mit Schiff und Fracht haften solle. In der Plenarsitzung des Reichstags vom 29. April 1895 hob namentlich der Abgeordnete Bassermann gegenüber dem Widerspruch der verbündeten Regierungen hervor, daß die nautischen Versehen vielfach einen anderen Charakter als andere vertragsmäßige oder außerkontraktmäßige Verschuldungen haben. Es handle sich dabei häufig darum, im Momente der Gefahr das richtige Mittel zu finden, und hierzu sei der eine Schiffer nach seiner Individualität geeigneter und im Handeln entschlossener als der Andere, ohne daß man diesem aus der Zögerung einen Vorwurf machen könne.

[6]) Auch der Abs. 3 des § 4 ist in der Kommission entstanden (Ber. S. 5) um erkennbar zu machen, daß ein Schleppzug (gegen Begr. S. 42) nicht als ein untheilbares Ganze anzusehen sei, daß daher wenn der ganze Schleppzug einer Person gehöre, doch nur mit dem schädigenden Schiffe und dessen Fracht, und nicht mit allen Schiffen

des Zuges gehaftet werde für schuldbare Verletzungen durch die Besatzung des Schleppers.

§. 5.

Für die den Personen der Schiffsbesatzung aus dem Dienstverhältnisse zustehenden Forderungen haftet der Schiffseigner persönlich, nicht nur mit Schiff und Fracht.[1])

Zu § 5.

[1]) Der § 5 enthält eine dem § 68 der Seemannsordnung entsprechende Bestimmung, geht jedoch insoweit über dieselbe hinaus, als er nicht blos den Schiffer und die zur Schiffsmannschaft gehörigen Personen, sondern auch sonstige zur Schiffs*besatzung* gehörige Personen berücksichtigt. Er enthält eine Ausnahme von der im § 4 Ziff. 1 getroffenen Bestimmung, da er die persönliche Haftung nicht blos auf die vom Schiffseigner sondern auch auf die von dem Schiffer kraft seiner gesetzlichen Vertretungsbefugniß (§§ 15, 16) angenommenen Schiffsleute erstreckt.

§. 6.

Das Gericht des Ortes, von dem aus die Schifffahrt mit dem Schiffe betrieben wird (Heimathsort), ist für alle gegen den Schiffseigner als solchen zu erhebenden Klagen zuständig, ohne Unterschied, ob er persönlich oder nur mit Schiff und Fracht haftet.[1])

Unter mehreren hiernach in Betracht kommenden Orten gilt als Heimathsort der Ort, wo die Geschäftsniederlassung, bei mehreren Niederlassungen die Hauptniederlassung und in Ermangelung einer Geschäftsniederlassung der Wohnsitz des Schiffseigners sich befindet.

Ist ein Heimathsort nicht festzustellen, so gilt als solcher der Ort, wo der Schiffseigner zur Gewerbesteuer oder Einkommensteuer veranlagt wird.[2])

Zu § 6.

[1]) **Heimathsort.** a. Der Art. 435 Ziff. 3 H.G.B. bezeichnet als den Heimaths- oder Registerhafen denjenigen, von welchem aus mit dem Schiff die Schiffahrt betrieben werden *soll*, der § 6 d. G. dagegen als Heimathsort des Schiffes denjenigen, von welchem aus die Binnenschiffahrt betrieben *wird*. Ist es zweifelhaft, *welcher* von mehreren Orten, zwischen denen ein Schiff regelmäßige Fahrten unternimmt, derjenige ist, von welchem aus der Betrieb erfolgt, so gilt derjenige von ihnen als Heimatsort, bei welchem die in Abs. 2 angegebenen Umstände vorliegen. Dem Wohnsitze entspricht bei Handelsgesellschaften und juristischen Personen deren Sitz.

b. Der Heimathsort des Schiffes ist nicht nur von Bedeutung für den Gerichtsstand in allen gegen den Schiffseigner *als solchen* zu erhebenden persönlichen und dinglichen Klagen, sondern auch für die Eintragung in das Schiffsregister (§ 123) und für den Umfang der Vertretungsbefugniß des Schiffers (§§ 15, 16). Das Forum entspricht dem im Art. 455 H.G.B. für den Rheder bestimmten und konkurrirt, da es *kein* ausschließliches ist, mit den sonst gesetzlich anerkannten Gerichtsständen des Schiffseigners. In Bezug auf *ausländische* Schiffe genügt die Bestimmung des § 24 C.P.O. über den Gerichtsstand des Vermögensbesitzes.

[2]) Der Abs. 3 will für den Fall Vorsorge treffen, wenn ein Ausgangsort des Betriebes nach Abs. 1 oder Abs. 1 und 2 nicht festzustellen ist. Dies kann bei Schiffern vorkommen, welche keine Geschäftsniederlassung und keinen festen Wohnsitz haben, vielmehr das ganze Jahr auf ihrem Fahrzeuge leben.

Zweiter Abschnitt.

Schiffer.

§. 7.

Der Führer des Schiffes (Schiffer) ist verpflichtet, bei allen Dienstverrichtungen, namentlich bei der Erfüllung der von ihm auszuführenden Verträge, die Sorgfalt eines ordentlichen Schiffers anzuwenden.[1])

Er haftet für jeden durch die Vernachlässigung dieser Sorgfalt entstandenen Schaden nicht nur dem Schiffseigner, sondern auch den Ladungsbetheiligten (Absender und Empfänger), den beförderten Personen und der Schiffsbesatzung, es sei denn, daß er auf Anweisung des Schiffseigners gehandelt hat. Auch in dem letzteren Falle bleibt der Schiffer verantwortlich, wenn er es unterlassen hat, dem Schiffseigner die nach Lage des Falles erforderliche Aufklärung zu ertheilen, oder wenn ihm eine strafbare Handlung zur Last fällt.[2])

Durch die Ertheilung der Anweisung wird der Schiffseigner persönlich verpflichtet, wenn er bei der Ertheilung von dem Sachverhältnisse unterrichtet war.[3])

Zu § 7.

[1]) **Schiffer.** Schiffer ist im Sinne des G., wer das Schiff fährt, gleichviel ob es ihm gehört oder nicht. Einige Bestimmungen dieses Abschnitts beziehen sich ersichtlich nur auf den Fall, wenn ein Dienstverhältniß zwischen dem Schiffseigner und dem Schiffer besteht. An

sich würde der Schiffer aus dem Vertragsverhältnisse nur dem Rheder gegenüber, Dritten gegenüber aber, insbesondere den Ladungsbetheiligten, den Reisenden, der Schiffsbesatzung nur aus unerlaubten Handlungen haften. Wegen seiner thatsächlichen Stellung aber und wegen der Selbstständigkeit, mit der er auf der Reise seine Entschließungen fassen muß, ist seine Verantwortlichkeit im H.G.B. Art. 478, 479 dahin erweitert, daß er bei allen Dienstverrichtungen die Sorgfalt eines ordentlichen Schiffers anzuwenden hat und für den durch sein Verschulden entstandenen Schaden, insbesondere für den Schaden aus der Verletzung der ihm gesetzlich (Tit 3 u. 4) auferlegten Pflichten haftet. Der Schiffer wird daher nicht blos als Vertreter der Interessen seines Dienstherrn, sondern auch der Interessen der übrigen unmittelbar Betheiligten angesehen.

[2]) a. Analog ist auch seine Haftung in diesem Gesetze (§§ 7, 10 Abs. 2) bestimmt, jedoch mit der Abweichung, daß eine Verantwortlichkeit des Schiffers nicht anerkannt wird, wenn er auf Anweisung des Schiffseigners gehandelt hat, es wäre denn daß dieser in Unkenntniß der Sachlage die Anweisung ertheilt und der Schiffer es unterlassen hat, ihm die nach den Umständen erforderliche Aufklärung zu geben. Auch bei unerlaubten Handlungen wird der Schiffer durch die Anweisung des Schiffseigners nicht gedeckt. Eine weitere Abweichung von dem H.G.B. (Art. 479 Abs. 1) besteht darin, daß die unmittelbare Haftung des Schiffers in diesem Gesetze nicht wie dort auch gegenüber den Schiffsgläubigern, deren Forderungen aus einem Kreditgeschäfte des Schiffers herrühren, ausgesprochen ist. Diese Gläubiger haben daher in Rücksicht auf die Haftung des Schiffers keine anderen Rechte als sonstige Schiffsgläubiger. Andererseits sind auch die Befugnisse des Schiffers in diesem Gesetze eingeschränkter als die des Seeschiffers, welcher ein weitgehen-

des Recht hat, über die Ladung mittelst Verpfändung oder Verkauf zu verfügen, wenn eine solche Verfügung behufs Beschaffung von Geldmitteln zum Besten der Ladungsbetheiligten selbst oder der Gesammtheit der Interessen nothwendig wird (H.G.B. Art. 504 Abs. 3, 507, 509, 510). Alle diese Befugnisse sind dem Binnenschiffer nicht eingeräumt.

b. Unter den Ladungsbetheiligten werden im Gesetze nur Absender und Empfänger verstanden. Diese technische Bezeichnung ergiebt sich aus der dem ersteren Ausdrucke beigefügten Parenthese.

[3]) Der Abs. 3 des § 7 entspricht dem Abs. 3 des Art. 479 H.G.B.

§. 8.[1])

Der Schiffer hat vor Antritt der Reise darauf zu sehen, daß das Schiff in fahrtüchtigem Zustande, gehörig eingerichtet und ausgerüstet, sowie hinreichend bemannt ist, und daß die Schiffspapiere und Ladungsverzeichnisse an Bord sind.

Er hat für die Tüchtigkeit der Geräthschaften zum Laden und Löschen, für die gehörige Stauung der Ladung, sowie dafür zu sorgen, daß das Schiff nicht schwerer beladen wird, als die Tragfähigkeit desselben und die jeweiligen Wasserstandsverhältnisse es gestatten.[2])

Wenn der Schiffer im Auslande die daselbst geltenden Vorschriften, insbesondere die Polizei-, Steuer- und Zollgesetze nicht beobachtet, so hat er den daraus entstehenden Schaden zu ersetzen.

Für die Fahrtüchtigkeit des Schiffes bei Antritt der Reise haftet den im §. 7 Absatz 2 bezeichneten

Personen auch der Schiffseigner persönlich, nicht nur mit Schiff und Fracht.[3])

Zu § 8.

[1]) Die §§ 8—10 enthalten Bestimmungen über einzelne Dienstobliegenheiten des Schiffers, der § 8 in Anlehnung an die Art. 480—482 H.G.B.

[2]) Die Vorschrift des Art. 481 Abs. 2 „der Schiffer hat dafür zu sorgen, daß das Schiff nicht überladen wird" ist in § 8 Abs. 2 näher dahin angegeben: „der Schiffer hat dafür zu sorgen, daß das Schiff nicht schwerer beladen wird, als die Tragfähigkeit desselben und die jeweiligen Wasserstandsverhältnisse es gestatten." Unterläßt der Schiffer diese Sorge, so wird er für die durch eine nothwendig werdende Umladung oder Leichterung entstehenden Kosten und für den hierbei entstehenden Schaden haftbar, falls nicht diese Handlungen von Anfang an beabsichtigt oder bei Anwendung gehöriger Sorgfalt die Wasserstandsverhältnisse nicht vorauszusehen waren. (Begr. S. 47 Komm.Ber. S. 6). Vgl. Note 3 zu § 44.

[3]) Für die Fahrtüchtigkeit des Schiffes bei Antritt der Reise haftet der Schiffseigner unbeschränkt neben dem Schiffer und solidarisch mit ihm gegenüber den Ladungsbetheiligten, den beförderten Personen und der Schiffsbesatzung. In letzterer Beziehung geht die Bestimmung weiter als Art. 560 H.G.B.

§. 9.

Wenn der Schiffer durch Krankheit oder andere Ursachen verhindert ist, das Schiff zu führen, so darf er den Antritt oder die Fortsetzung der Reise nicht ungebührlich verzögern; er muß vielmehr, wenn Zeit und Umstände es gestatten, die Anordnung des Schiffseigners einholen und für die Zwischenzeit die geeigneten Vorkehrungen treffen, im entgegengesetzten Falle aber einen anderen Schiffer einsetzen.

Für diesen Stellvertreter ist er nur insofern verantwortlich, als ihm bei der Wahl desselben ein Verschulden zur Last fällt.[1])

Zu § 9.

[1]) Der § 9 entspricht dem Abs. 2 Art. 483 H.G.B.

§. 10.

Der Schiffer ist verpflichtet, von Beschädigungen des Schiffes oder der Ladung, von eingegangenen Geschäften, sowie von der Einsetzung eines anderen Schiffers (§. 9) den Schiffseigner in Kenntniß zu setzen. Er hat in allen erheblichen Fällen, namentlich wenn er die Reise einzustellen oder zu ändern sich genöthigt findet, die Ertheilung von Verhaltungsmaßregeln bei dem Schiffseigner nachzusuchen, sofern es die Umstände gestatten.[1])

Im Interesse der Ladungsbetheiligten hat der Schiffer während der Reise für das Beste der Ladung nach Möglichkeit Sorge zu tragen.

Werden zur Abwendung oder Verringerung eines Verlustes besondere Maßregeln erforderlich, so hat er, wenn thunlich, die Anweisung der Ladungsbetheiligten einzuholen, sonst nach bestem Ermessen das Erforderliche selbst zu veranlassen und dafür zu sorgen, daß die Ladungsbetheiligten von dem Vorfall und den dadurch veranlaßten Maßregeln schleunigst in Kenntniß gesetzt werden.[2])

Zu § 10.

[1]) Der Abs. 1 des § 10 ist dem Abs. 2 Art. 503 H.G.B. nachgebildet, es ist jedoch die dort ausgesprochene Verpflichtung, den Schiffseigner von den Begebnissen der Reise in fortlaufender Kenntniß zu erhalten, wegen ihrer Unbestimmtheit fortgelassen, dagegen ausdrücklich die Pflicht ausgesprochen, ihn von der Einsetzung eines anderen Schiffers in Kenntniß zu setzen (Komm.Ber. S. 6).

[2]) Die Abs. 2 und 3 des § 10 sind im Wesentlichen den beiden ersten Absätzen des Art. 504 H.G.B. entnommen. Als entbehrlich nicht übernommen ist der Art. 513 H.G.B., welcher den Schiffer verpflichtet, Alles, was er vom Befrachter, Ablader oder Ladungsempfänger außer der Fracht als Belohnung oder Entschädigung erhält, dem Schiffseigner gut zu bringen; auch ist der Art. 503 Abs. 5 H.G.B. nicht übernommen, welcher den Schiffer verpflichtet, nach der Rückkehr in den Heimathshafen und außerdem so oft es verlangt wird, Rechnung zu legen. Selbstverständlich bleibt der Schiffer verpflichtet, über die eingezogenen Frachtgelder Rechnung zu legen (Begr. S. 48).

§. 11.[1])

Wird das Schiff oder die Ladung von einem Unfall betroffen, so ist der Schiffer berechtigt und auf Verlangen des Schiffseigners oder eines Ladungsbetheiligten verpflichtet, vor dem Amtsgerichte des Ortes, an welchem die Reise endet, und, wenn das Schiff vorher an einem anderen Orte längere Zeit liegen bleiben muß, vor dem Amtsgerichte dieses Ortes eine Beweisaufnahme über den thatsächlichen Hergang, sowie über den Umfang des eingetretenen Schadens und über die zur Abwendung oder Verringerung desselben angewendeten Mittel zu beantragen. Er hat sich selbst zum Zeugnisse zu erbieten und die zur Feststellung des Sachverhältnisses sonst dienlichen Beweismittel zu bezeichnen.[2])

Zu § 11.

[1]) **Verklarung.** Die §§ 11—14 sollen dem Zwecke dienen, eine schleunige Feststellung des Thatbestandes und des Umfanges des Schadens bei Unfällen herbeizuführen; sie sind in Anlehnung an das seerechtliche Institut der Verklarung (Art. 490—493 H.G.B.) und an die Bestimmungen der C.P.O. über die Sicherung des Beweises (§§ 447—455) jedoch mit mannigfachen Abweichungen getroffen. Die §§ 11—13 regeln eine eigentliche Beweisaufnahme, welche der Schiffer (gleichviel ob ein Fall der großen Haverei vorliegt oder nicht, Komm.Ber. S. 21) herbeiführen kann und auf Verlangen des Schiffseigners oder eines Ladungsbetheiligten herbeiführen muß. Der Versicherer kann den Versicherten veranlassen, die Beweisaufnahme zu bewirken. — Dem Schiffer ist unbenommen, sobald ein Unfall eingetreten ist, eine vorläufige Erklärung bei der nächsten Polizei- oder Gemeindebehörde abzugeben und diese zur vorläufigen Kenntniß der Betheiligten zu bringen (Komm.Ber. S. 21).

[2]) a. Zuständig ist das Amtsgericht des Orts, an welchem die Reise endet, und wenn das Schiff vorher an einem anderen Orte längere Zeit liegen bleiben muß, das Amtsgericht dieses Orts, nicht aber das dem Unfallsorte zunächst gelegene Amtsgericht, falls durch dessen Anrufung ein Aufenthalt der Reise erst herbeigeführt würde.

b. Der Schiffer ist Antragsteller und Zeuge; er kann sein Zeugniß nicht verweigern. Hinsichtlich seiner Beeidigung verbleibt es bei den Bestimmungen der C.P.O., nach welcher in gewissen Fällen dieselbe ausgeschlossen ist, aber auch da, wo dieselbe nicht ausgeschlossen ist, entscheidet das Ermessen des Gerichts, ob dieselbe stattfinden soll (§ 13 Abs. 2).

c. Der Schiffer hat die ihm zur Vernehmung geeigneten Personen, einschließlich der Schiffsmannschaft zu benennen (§ 11); außerdem können die an Schiff oder Ladung Betheiligten sowie die sonst durch den Unfall Betroffenen, zu denen die Versicherer gehören (§ 13 Abs. 3, Ber. S. 50), Zeugen benennen, und endlich kann auch das Gericht (§ 13 Abs. 4) soweit dies zur Aufklärung des Sachverhalts erforderlich, die Beweisaufnahme ausdehnen.

§. 12.

Zur Aufnahme des Beweises bestimmt das Gericht einen thunlichst nahen Termin, zu welchem der Schiffer und die sonst bezeichneten Zeugen zu laden sind. Dem Schiffseigner und den Ladungsbetheiligten ist von dem Termine Mittheilung zu machen, soweit es ohne unverhältnißmäßige Verzögerung des Verfahrens geschehen kann. Die Mittheilung kann durch öffentliche Bekanntmachung erfolgen.[1])

Zu § 12.

[1]) Der § 12 bestimmt, daß das Gericht zu einem thunlichst nahen Termine den Schiffer und die Zeugen laden, und dem Schiffseigner und den Ladungsbetheiligten, soweit dies ohne unverhältnißmäßige Verzögerung geschehen kann, Nachricht von demselben geben soll, allenfalls durch öffentliche Bekanntmachung. — Selbstverständlich können die Betheiligten in einem späteren Prozesse die Beweisverhandlungen benutzen; unanwendbar ist § 454 Abs. 2 C.P.O.,

welcher dies in gewissen Fällen als unzulässig erklärt, wenn die Gegenpartei nicht anwesend war. Das Maß der Beweiskraft unterliegt dem Ermessen des Gerichts.

§. 13.

Die Aufnahme des Beweises erfolgt nach den Vorschriften der Civilprozeßordnung.

Soweit hiernach nicht die Beeidigung des Schiffers ausgeschlossen ist, beschließt über dieselbe das Gericht nach freiem Ermessen.

Die an Schiff und Ladung Betheiligten, sowie die etwa sonst durch den Unfall Betroffenen sind berechtigt, in Person oder durch Vertreter der Verhandlung beizuwohnen. Sie können eine Ausdehnung der Beweisaufnahme auf weitere Beweismittel beantragen.

Das Gericht ist befugt, eine Ausdehnung der Beweisaufnahme auch von Amtswegen anzuordnen, soweit dies zur Aufklärung des Sachverhalts erforderlich erscheint.

§. 14.

In Bezug auf die Erhebung von Gebühren und Auslagen finden die für das Verfahren zur Sicherung des Beweises geltenden Bestimmungen des Gerichtskostengesetzes mit der Maßgabe Anwendung, daß als Gebühr nur die Hälfte der dort vorgesehenen Sätze und höchstens ein Betrag von dreißig Mark erhoben wird. [1])

Ist das Verfahren auf Verlangen eines Ladungsbetheiligten beantragt, so hat dieser die entstandenen

Kosten zu erstatten, soweit er nicht Anspruch auf Ersatz des durch den Unfall ihm entstandenen Schadens hat. Die Verpflichtung des Schiffseigners, dem Schiffer die verauslagten Kosten zu erstatten, wird hierdurch nicht berührt.[2])

In Fällen der großen Haverei findet die Vorschrift des §. 84 Anwendung.[3])

Zu § 14.

1) **Kosten.** Vgl. § 36 des Gerichtskostengesetzes vom 29. Juni 1881 (R.G.Bl. S. 178); es sind also nach § 14 für den Antrag $^3/_{20}$ und wenn eine Beweisaufnahme stattgefunden hat $^5/_{20}$ der vollen Gebühr (§ 8 des G.K.G.), höchstens 30 Mark zu erheben.

2) Der Schiffer ist immer der Antragsteller, haftet also zunächst für die gerichtlichen Kosten, insoweit sie nicht durch Anträge anderer Betheiligter während des Verfahrens veranlaßt sind. Für diese Kosten muß ihm der Schiffseigner unter allen Umständen aufkommen. Hat der Schiffer auf Verlangen eines Ladungsbetheiligten den Antrag gestellt, so hat ihm dieser die Kosten zu erstatten; letzterer hat aber wiederum Regreß gegen den Schiffseigner, falls ihm derselbe für den Schaden haftet.

3) In Fällen der großen Haverei sind die Kosten der Schadenermittelung unter die Interessenten zu vertheilen (§ 83).

§. 15.[1])

Befindet sich das Schiff weder am Heimathsorte, noch an einem Orte, an welchem der Schiffseigner eine Geschäftsniederlassung hat, so ist der Schiffer Dritten gegenüber kraft seiner Anstellung befugt, die Frachtforderungen einzuziehen, sowie für den Schiffseigner alle Geschäfte und Rechtshandlungen vorzunehmen, welche die Ausführung der Reise erforderlich macht.

Zur Eingehung von Wechselverbindlichkeiten, zur Veräußerung oder Verpfändung des Schiffes und zum Abschlusse von Frachtverträgen ist der Schiffer nur auf Grund einer ihn hierzu ermächtigenden Vollmacht des Schiffseigners berechtigt. [2])

Zu § 15.

[1]) **Vertretung des Schiffseigners.** Die §§ 15—19 bestimmen den Umfang der Vertretungsbefugniß des Schiffers bei der Binnenschiffahrt weit enger als bei der Seeschiffahrt (Art. 496—499 H.G.B.), weil bei der ersteren der Schiffseigner leichter von dem Schiffer zu erreichen ist.

[2]) a. Wenn das Schiff sich nicht im Heimathshafen und nicht an einem Orte befindet, an welchem der Schiffseigner eine Geschäftsniederlassung hat, so hat der Schiffer eine gesetzliche Vollmacht; er ist dann Dritten gegenüber befugt, die Frachtforderungen einzuziehen und alle Geschäfte und Rechtshandlungen vorzunehmen, welche die Ausführung der Reise erforderlich macht (§ 15 Abs. 1), jedoch mit Ausnahme der Eingehung von Wechselverbindlichkeiten (analog Art. 498 H.G.B.), der Veräußerung oder Verpfändung des Schiffes, und des Abschlusses von Frachtverträgen (§ 15 Abs. 2). Diese Rechtsgeschäfte kann der Schiffer nur auf Grund besonderer Vollmacht mit verbindlicher Kraft für den Schiffseigner abschließen.

b. Aus den Rechtsgeschäften, welche der Schiffer kraft seiner gesetzlichen Vollmacht abschließt, haftet der Schiffseigner mit Schiff und Fracht (§ 4 Z. 1). Daß ein von ihm abgeschlossenes Rechtsgeschäft durch die Ausführung der Reise erforderlich geworden ist, hat der Dritte zu beweisen, wenn er aus einem solchen Geschäfte Rechte geltend machen will (vgl. Art. 497 H.G.B., Begr. S. 52).

c. Abweichend von Art. 496 Abs. 2 H.G.B. ist dem Schiffer nicht nur kein Recht eingeräumt, Frachtverträge abzuschließen, sondern auch nicht das Recht, Klagen, welche sich auf seinen Wirkungskreis beziehen, anzustellen. Trotzdem bleibt er — nach Begr. S. 53 — ermächtigt, sonstige Anträge im Bedürfnißfalle zu stellen, insbesondere bei Gericht den Pfandverkauf von Frachtgütern (Art. 409 Abs. 2 H.G.B.) zu beantragen und überhaupt den Ladungsbetheiligten gegenüber die auf die Uebernahme und Ablieferung der Güter bezüglichen Rechtshandlungen vorzunehmen, weil diese Befugniß sich aus seinen Dienstobliegenheiten ergiebt.

§. 16.

Rechtsgeschäfte, welche der Schiffer eingeht, während das Schiff sich an einem der im §. 15 Absatz 1 bezeichneten Orte befindet, sind für den Schiffseigner nur dann verbindlich, wenn der Schiffer auf Grund einer Vollmacht gehandelt hat, oder wenn ein anderer besonderer Verpflichtungsgrund vorhanden ist.

Zur Ausstellung von Ladescheinen ist der Schiffer ohne Unterschied des Ortes befugt.[1])

Zu § 16.

[1]) a. Befindet sich das Schiff im Heimathsorte oder an einem Orte, an welchem der Schiffseigner eine Geschäftsniederlassung hat, so steht dem Schiffer keine gesetzliche Vollmacht zur Vertretung des Letzteren zu; er kann ihn daher durch Rechtsgeschäfte nur verpflichten, wenn er eine Vollmacht von ihm erhalten hat oder ein anderer besonderer

Verpflichtungsgrund vorhanden ist (§ 16), wie nützliche Verwendung u. dgl. Trotzdem kann der Schiffer an den bezeichneten Orten auch Ladescheine ausstellen (analog Art. 644 H.G.B.), weil diese nicht, wie die Frachtbriefe, Urkunden über Frachtverträge sind, welche zur Ausführung eines Transports verpflichten, sondern nur das Versprechen enthalten, die Güter am Bestimmungsorte auszuliefern (Begr. S. 54). Zur Annahme von Schiffsmannschaft ist der Schiffer (gegen Art. 495 Abs. 2 H.G.B.) an den angegebenen Orten nicht befugt.

b. Der Abs. 2 ermächtigt den Schiffer als Vertreter des Frachtführers Ladescheine auch am Heimathsorte desselben auszustellen.

§. 17.

Der Schiffseigner, welcher die gesetzlichen Befugnisse des Schiffers beschränkt hat, kann einem Dritten die Nichteinhaltung dieser Beschränkungen nur dann entgegensetzen, wenn er beweist, daß sie dem Dritten bekannt waren.[1])

Zu § 17.

[1]) Der Schiffseigner kann die gesetzlichen Befugnisse des Schiffers beschränken (§ 18) und die Beschränkungen dem Dritten entgegenhalten, wenn er beweist, daß sie diesem bekannt waren (§ 17). Will der Schiffseigner also den Schiffer nicht ermächtigen, die Frachtgelder einzuziehen, so wird er dies mit Wirkung gegen den Dritten z. B. durch einen entsprechenden Vermerk auf dem Frachtbriefe oder Ladescheine in der Regel erreichen können (Begr. S. 52).

§. 18.

Dem Schiffseigner gegenüber sind für den Umfang der Befugnisse des Schiffers die Bestimmungen der

§§. 15 und 16 ebenfalls maßgebend, soweit nicht der Schiffseigner diese Befugnisse beschränkt hat.

§. 19.

Durch ein Rechtsgeschäft, welches der Schiffer in seiner Eigenschaft als Führer des Schiffes, sei es mit, sei es ohne Bezeichnung des Schiffseigners innerhalb seiner gesetzlichen Befugnisse geschlossen hat, wird der Schiffseigner dem Dritten gegenüber berechtigt und die Haftung des Schiffseigners mit Schiff und Fracht (§. 4 Nr. 1) begründet.

Der Schiffer selbst wird dem Dritten durch das Rechtsgeschäft nicht verpflichtet, es sei denn, daß er dessen Erfüllung gewährleistet oder seine Befugnisse überschritten hat.[1])

Zu § 19.

[1]) Der § 19 entspricht dem Art. 502 H.G.B.

§. 20.[1])

Der Schiffer untersteht, soweit nicht in diesem Gesetze ein Anderes bestimmt ist, den Vorschriften, welche für die im §. 133a der Gewerbeordnung bezeichneten Personen gelten.

Das Dienstverhältniß des Schiffers kann, wenn nichts Anderes verabredet ist, von jedem Theile mit Ablauf jedes Monats nach einer sechs Wochen vorher erklärten Kündigung aufgehoben werden.[2])

Hinsichtlich der Voraussetzungen, unter welchen dem Schiffseigner und dem Schiffer das Recht zusteht, die Auflösung des Dienstverhältnisses vor Ablauf der vertragsmäßigen Zeit und ohne Innehaltung einer Kündigungsfrist zu verlangen, bewendet es bei den Bestimmungen der §§ 133b bis 133d der Gewerbeordnung.

Hat der Schiffer eine Reise angetreten, so ist er verpflichtet, bis zur Beendigung der Reise und zur Entlöschung des Schiffes im Dienste zu bleiben, es sei denn, daß ein den sofortigen Austritt rechtfertigender Grund vorhanden ist.[3])

Wird das Dienstverhältniß vor der Ankunft des Schiffes am Bestimmungsorte während der Reise aufgehoben, so hat der Schiffer Anspruch auf die Kosten der Rückreise nach dem Orte, an welchem er in Dienst getreten ist. Diese Bestimmung findet keine Anwendung, wenn der Schiffer sich einer Handlung schuldig gemacht hat, welche geeignet ist, seine sofortige Entlassung zu rechtfertigen.

Ist ein die sofortige Entlassung rechtfertigender Grund nicht vorhanden, so kann der Schiffer zwar jederzeit seines Dienstes enthoben werden, jedoch unbeschadet seiner Entschädigungsansprüche für die Zeit bis zum Ende der vertragsmäßigen Dauer des Dienstverhältnisses oder bis zum Ablaufe der Kündigungsfrist.[4])

Zu § 20.

[1]) a. Die §§ 133a—d der Gewerbeordnung lauten wie folgt:

III. a. Verhältnisse der Betriebsbeamten, Werkmeister, Techniker.

§ 133a. Das Dienstverhältniß der von Gewerbeunternehmern gegen feste Bezüge beschäftigten Personen, welche nicht lediglich vorübergehend mit der Leitung oder Beaufsichtigung des Betriebes oder einer Abtheilung desselben beauftragt (Betriebsbeamte, Werkmeister und ähnliche Angestellte) oder mit höheren technischen Dienstleistungen betraut sind (Maschinentechniker, Bautechniker, Chemiker, Zeichner und dergleichen), kann, wenn nicht etwas Anderes verabredet ist, von jedem Theile mit Ablauf jedes Kalendervierteljahres nach sechs Wochen vorher erklärter Aufkündigung aufgehoben werden.

§ 133b. Jeder der beiden Theile kann vor Ablauf der vertragsmäßigen Zeit und ohne Innehaltung einer Kündigungsfrist die Aufhebung des Dienstverhältnisses verlangen, wenn ein wichtiger, nach den Umständen des Falles die Aufhebung rechtfertigender Grund vorliegt.

§ 133c. Gegenüber den im § 133a bezeichneten Personen kann die Aufhebung des Dienstverhältnisses insbesondere verlangt werden:

1. wenn sie beim Abschluß des Dienstvertrages den Arbeitgeber durch Vorbringung falscher oder verfälschter Zeugnisse hintergangen oder ihn über das Bestehen eines anderen, sie gleichzeitig verpflichtenden Dienstverhältnisses in einen Irthum versetzt haben;
2. wenn sie im Dienste untreu sind oder das Vertrauen mißbrauchen;
3. wenn sie ihren Dienst unbefugt verlassen oder den nach dem Dienstvertrage ihnen obliegenden

Verpflichtungen nachzukommen, beharrlich verweigern;

4. wenn sie durch anhaltende Krankheit oder durch eine längere Freiheitsstrafe oder Abwesenheit an der Verrichtung ihrer Dienste verhindert werden;
5. wenn sie sich Thätlichkeiten oder Ehrverletzungen gegen den Arbeitgeber oder seinen Vertreter zu Schulden kommen lassen;
6. wenn sie sich einem unsittlichen Lebenswandel ergeben.

In dem Falle zu 4 bleibt der Anspruch auf die vertragsmäßigen Leistungen des Arbeitgebers für die Dauer von sechs Wochen in Kraft, wenn die Verrichtung der Dienste durch unverschuldetes Unglück verhindert worden ist. Jedoch mindern sich die Ansprüche in diesem Falle um denjenigen Betrag, welcher dem Berechtigten aus einer auf Grund gesetzlicher Verpflichtung bestehenden Krankenversicherung oder Unfallversicherung zukommt.

§ 133d. Die im § 133a bezeichneten Personen können die Auflösung des Dienstverhältnisses insbesondere verlangen:

1. wenn der Arbeitgeber oder seine Vertreter sich Thätlichkeiten oder Ehrverletzungen gegen sie zu Schulden kommen lassen;
2. wenn der Arbeitgeber die vertragsmäßigen Leistungen nicht gewährt;
3. wenn bei Fortsetzung des Dienstverhältnisses ihr Leben oder ihre Gesundheit einer erweislichen Gefahr ausgesetzt sein würde, welche bei Eingehung des Dienstverhältnisses nicht zu erkennen war.

[1]) b. In Folge der getroffenen Bestimmungen gehören Streitigkeiten zwischen Schiffer und Schiffseigner vor die Gewerbegerichte. Der § 3 des R.G. über die Gewerbe-

gerichte vom 29. Juli 1890 (R.G.Bl. S. 141) lautet wie folgt:

§ 3. I. Die Gewerbegerichte sind ohne Rücksicht auf den Werth des Streitgegenstandes zuständig für Streitigkeiten:

1. über den Antritt, die Fortsetzung oder die Auflösung des Arbeitsverhältnisses, sowie über die Aushändigung oder den Inhalt des Arbeitsbuches oder Zeugnisses,
2. über die Leistungen und Entschädigungsansprüche aus dem Arbeitsverhältnisse, sowie über eine in Beziehung auf dasselbe bedungene Konventionalstrafe,
3. über die Berechnung und Anrechnung der von den Arbeitern zu leistenden Krankenversicherungsbeiträge (§§ 53, 65, 72, 73 des Gesetzes, betreffend die Krankenversicherung der Arbeiter, vom 15. Juni 1883, Reichs-Gesetzbl. S. 73),
4. über die Ansprüche, welche auf Grund der Uebernahme einer gemeinsamen Arbeit von Arbeitern desselben Arbeitgebers gegen einander erhoben werden.

II. Streitigkeiten über eine Konventionalstrafe, welche für den Fall bedungen ist, daß der Arbeiter nach Beendigung des Arbeitsverhältnisses ein solches bei anderen Arbeitgebern eingeht oder ein eigenes Geschäft errichtet, gehören nicht zur Zuständigkeit der Gewerbegerichte.

In Ermangelung eines zuständigen Gewerbegerichts kommen die Bestimmungen des G. über die Gewerbegerichte betr. die auf Anrufen jedes Theils zugelassene vorläufige Entscheidung des Gemeinde**vorstehers** (§§ 71 ff.

jenes G.) zur Anwendung. — Die durch internationale Schiffahrtsverträge begründete Zuständigkeit besonderer Gerichte (Additionalakte zur Elbschiffahrtsakte vom 13. April 1844 § 47 und Preuß. G. betr. die Elbzollgerichte vom 9. Juli 1879 § 4) bleibt unberührt.

[2]) Abweichend von der Gewerbeordnung kann nach § 20 Abs. 2 das Dienstverhältniß des Schiffers, falls nichts Anderes verabredet ist, mit 42tägiger Frist zum Ablauf jedes Monats (nicht gerade Kalendervierteljahres) gekündigt werden.

[3]) Das Recht des Schiffers, zu dem Zeitpunkt aus dem Dienst zu scheiden, wenn das Dienstverhältniß durch Kündigung oder Ablauf der Vertragszeit endet, ist im Abs. 4 nach angetretener Reise dahin beschränkt, daß er bis zur Beendigung der Reise und der Entlöschung des Schiffs auf Verlangen des Schiffseigners im Dienst bleiben muß, wenn nicht ein Grund vorliegt, der einen sofortigen Austritt rechtfertigt. Diese Bestimmung ist dem Art. 521 H.G.B. nachgebildet und gründet sich auf die Nothwendigkeit, zu verhindern, daß das Schiff während der Reise führerlos verbleibt.

[4]) Die Abs. 5 und 6 des § 20 geben dem Schiffseigner das Recht, den Schiffer auch ohne einen seine sonstige Entlassung rechtfertigenden Grund (z. B. wegen anhaltender Krankheit) jederzeit willkürlich zu entlassen und ihm dadurch die Führung des Schiffs und die Ermächtigung zum Abschluß verbindlicher Rechtsgeschäfte zu entziehen, ohne einen solchen Grund aber nur gegen Entschädigung für die Vertragszeit der Anstellung oder bis zum Ablauf der Kündigungsfrist, und wenn das Dienstverhältniß vor Ankunft des Schiffes am Bestimmungsorte während der Reise aufgehoben wird, gegen Ersatz der Kosten und Zehrgelder der Rückreise nach dem Orte des Dienstantritts (Begr. S. 56).

Dritter Abschnitt.

Schiffsmannschaft.

§. 21.

Zur Schiffsmannschaft gehören mit Ausnahme des Schiffers die zum Schiffahrtsdienste auf dem Schiffe angestellten Personen der Schiffsbesatzung, insbesondere die Steuerleute, Bootsleute, Matrosen, Schiffsknechte, Schiffsjungen, Maschinisten und Heizer.

Die Schiffsmannschaft untersteht der Gewerbeordnung.[1])

Zu § 21.

[1]) **Schiffsmannschaft.** a. Der § 21 faßt den Begriff der Schiffsmannschaft etwas weiter als das Seerecht (Seemannsordnung § 3), indem er die Maschinisten und Heizer auf Binnenschiffen mit zur Mannschaft rechnet. Die zu anderen als Schiffahrtsdiensten auf einem Schiff angestellten Personen, wie Aufwärter u. dgl. gehören zwar zur Schiffsbesatzung (§ 3 Abs. 2) aber nicht zur Mannschaft, und fallen daher nicht unter die Vorschriften dieses dritten Abschnitts; ihr Rechtsverhältniß zu dem Schiffseigner ist nach den allgemeinen Rechtsgrundsätzen zu beurtheilen (Begr. S. 57). Der Abs. 2 des § 21 will klarstellen, daß die Mannschaft nicht in einem Dienstbotenverhältniß zum Schiffer steht, sondern allgemein in der Stellung als gewerbliche Arbeiter der Gewerbeordnung untersteht (Begr. S. 56, Komm.Ber. S. 7). Es wurde deshalb die dem § 29 der Seemannsordnung analoge Bestimmung des Gesetzentwurfs, daß der Schiffsmann, welcher sich dem Antritt oder der Fortsetzung des Dienstes rechtswidrig entzieht, auf Antrag durch die Polizeibehörde zwangsweise zur Erfüllung seiner Pflicht angehalten werden könne, gestrichen (Komm.Ber. S. 7).

b. In der Plenarberathung des Reichstags v. 25. Januar 1895 erklärte der Staatssekretär des Reichsjustizamts auf eine Anfrage, daß Frauen und junge Leute, welche auf kleinen Schiffen von dem Schiffsführer mit Dienstverrichtungen betraut werden, zu den von ihm angestellten Personen gehören, denn der Schiffer habe das Recht und die Aufgabe, die Leute für den Schiffsdienst auszuwählen und zu berufen. Soweit dies nicht der Fall sei, könne die Frage nicht allgemein beantwortet, sondern es müsse im einzelnen Falle dann geprüft werden, unter welchen Verhältnissen und auf welche Veranlassung die gedachten Personen zu Leistungen im Schiffsdienst herangezogen worden seien.

§. 22.

Die Verpflichtung des Schiffsmannes zum Dienstantritte beginnt, wenn nichts Anderes verabredet ist, mit dem Abschlusse des Dienstvertrages. Tritt der Schiffsmann den Dienst nicht binnen vierundzwanzig Stunden an, so braucht er nicht mehr angenommen zu werden. Der Anspruch des Schiffseigners auf Schadensersatz wird hierdurch nicht berührt. [1])

Zu § 22.

[1]) **Dienstantritt.** Der § 22 ist dem § 28 der Seemannsordnung nachgebildet, und hat seinen Grund darin, daß der Schiffseigner nicht der Gefahr ausgesetzt werden darf, das Schiff ohne vollständige Bemannung abfahren zu lassen, vielmehr in der Lage sein muß, sofort einen Ersatzmann annehmen zu können. Für einen durch schuldhaftes Ausbleiben verursachten Schaden (Verzögerung der Reise, Zahlung höheren Lohnes an den Ersatzmann und dgl.) bleibt der Schiffsmann ersatzpflichtig (Begr. S. 57).

§. 23.

Der Schiffsmann ist verpflichtet, in Ansehung des Schiffsdienstes den Anordnungen des Schiffers Folge zu leisten und jederzeit alle für Schiff und Ladung ihm übertragenen Arbeiten zu verrichten.

Er darf das Schiff ohne Erlaubniß des Schiffers nicht verlassen.

Verunglückt das Schiff, so hat der Schiffsmann für Rettung der Personen und ihres Gepäcks, sowie für Sicherstellung der Schiffstheile, der Geräthschaften und der Ladung den Anordnungen des Schiffers gemäß nach besten Kräften zu sorgen.[1])

Zu § 23.

[1]) **Dienstpflichten.** Der § 23 bezeichnet die wichtigsten Dienstpflichten des Schiffsmannes in Anlehnung an die §§ 30, 32 der Seemannsordnung.

§. 24.

Wenn über die Zeit der Lohnzahlung nichts Anderes vereinbart ist, so kann der Schiffsmann am Schlusse jeder zweiten Woche die Auszahlung des verdienten Lohnes verlangen.[1])

Zu § 24.

[1]) **Löhnungstermin.** Der § 24 trifft eine subsidiäre Bestimmung über die Fälligkeit der Lohnzahlung, falls über diese nichts bedungen ist. Die §§ 115—119 a der Gewerbeordnung über die Zahlung des Arbeitslohns finden auch auf die Schiffsmannschaft Anwendung (Begr. S. 58).

§. 25.

Hinsichtlich der Aufkündigung eines auf unbestimmte Zeit eingegangenen Dienstverhältnisses, sowie hinsichtlich der Voraussetzungen, unter welchen dem Schiffseigner und dem Schiffsmanne das Recht zusteht, die Auflösung des Dienstverhältnisses vor Ablauf der vertragsmäßigen Zeit und ohne Innehaltung einer Kündigungsfrist zu verlangen, finden die Bestimmungen der §§. 122 bis 124a der Gewerbeordnung mit der Maßgabe Anwendung, daß die sofortige Entlassung des Schiffsmannes (§ 123 der Gewerbeordnung) auch stattfinden kann, wenn der Antritt oder die Fortsetzung der Reise durch den Eintritt des Winters verhindert wird.

Nach Antritt der Reise ist der Schiffsmann verpflichtet, bis zur Beendigung der Reise und zur Entlöschung des Schiffes im Dienste zu bleiben, es sei denn, daß ein den sofortigen Austritt rechtfertigender Grund vorhanden ist.

Wird das Dienstverhältniß vor der Ankunft des Schiffes am Bestimmungsorte während der Reise aufgehoben, so hat der Schiffsmann Anspruch auf die Kosten der Rückreise nach dem Orte, an welchem er in Dienst getreten ist. Diese Bestimmung findet keine Anwendung, wenn der Schiffsmann sich einer Handlung schuldig gemacht hat, welche geeignet ist, seine sofortige Entlassung zu rechtfertigen.

Ist ein die sofortige Entlassung rechtfertigender Grund nicht vorhanden, so kann der Schiffsmann zwar jederzeit seines Dienstes enthoben werden, jedoch unbeschadet seiner Entschädigungsansprüche für die Zeit bis zum Ende der vertragsmäßigen Dauer des Dienstverhältnisses oder bis zum Ablaufe der Kündigungsfrist. [1])

Zu § 25.

[1]) **Dienstbeendigung.** a. Die angezogenen §§ 122 bis 124 a der Gewerbeordnung lauten wie folgt:

§ 122. Das Arbeitsverhältniß zwischen den Gesellen oder Gehülfen und ihren Arbeitgebern kann, wenn nicht ein Anderes verabredet ist, durch eine jedem Theile freistehende, vierzehn Tage vorher erklärte Aufkündigung gelöst werden. Werden andere Aufkündigungsfristen vereinbart, so müssen sie für beide Theile gleich sein. Vereinbarungen, welche dieser Bestimmung zuwiderlaufen, sind nichtig.

§ 123. Vor Ablauf der vertragsmäßigen Zeit und ohne Aufkündigung können Gesellen und Gehülfen entlassen werden:

1. wenn sie bei Abschluß des Arbeitsvertrages den Arbeitgeber durch Vorzeigung falscher oder verfälschter Arbeitsbücher oder Zeugnisse hintergangen oder ihn über das Bestehen eines anderen, sie gleichzeitig verpflichtenden Arbeitsverhältnisses in einen Irrthum versetzt haben;
2. wenn sie eines Diebstahls, einer Entwendung, einer Unterschlagung, eines Betruges oder eines liederlichen Lebenswandels sich schuldig machen;
3. wenn sie die Arbeit unbefugt verlassen haben oder sonst den nach dem Arbeitsvertrage ihnen obliegenden Verpflichtungen nachzukommen beharrlich verweigern;
4. wenn sie der Verwarnung ungeachtet mit Feuer und Licht unvorsichtig umgehen;
5. wenn sie sich Thätlichkeiten oder grobe Beleidigungen

gegen den Arbeitgeber oder seine Vertreter oder gegen die Familienangehörigen des Arbeitgebers oder seiner Vertreter zu Schulden kommen lassen;

6. wenn sie einer vorsätzlichen und rechtswidrigen Sachbeschädigung zum Nachtheile des Arbeitgebers oder eines Mitarbeiters sich schuldig machen;
7. wenn sie Familienangehörige des Arbeitgebers oder seiner Vertreter oder Mitarbeiter zu Handlungen verleiten oder zu verleiten versuchen oder mit Familienangehörigen des Arbeitgebers oder seiner Vertreter Handlungen begehen, welche wider die Gesetze oder die guten Sitten verstoßen;
8. wenn sie zur Fortsetzung der Arbeit unfähig oder mit einer abschreckenden Krankheit behaftet sind.

In den unter Nr. 1 bis 7 gedachten Fällen ist die Entlassung nicht mehr zulässig, wenn die zu Grunde liegenden Thatsachen dem Arbeitgeber länger als eine Woche bekannt sind.

Inwiefern in den unter Nr. 8 gedachten Fällen dem Entlassenen ein Anspruch auf Entschädigung zustehe, ist nach dem Inhalt des Vertrages und nach den allgemeinen gesetzlichen Vorschriften zu beurtheilen.

§ 124. Vor Ablauf der vertragsmäßigen Zeit und ohne Aufkündigung können Gesellen und Gehülfen die Arbeit verlassen:

1. wenn sie zur Fortsetzung der Arbeit unfähig werden;
2. wenn der Arbeitgeber oder seine Vertreter sich Thätlichkeiten oder grobe Beleidigungen gegen die Arbeiter oder gegen ihre Familienangehörigen zu Schulden kommen lassen;
3. wenn der Arbeitgeber oder seine Vertreter oder Familienangehörige derselben die Arbeiter oder deren Familienangehörige zu Handlungen verleiten oder zu verleiten versuchen oder mit den Familien-

angehörigen der Arbeiter Handlungen begehen, welche wider die Gesetze oder die guten Sitten laufen;

4. wenn der Arbeitgeber den Arbeitern den schuldigen Lohn nicht in der bedungenen Weise auszahlt, bei Stücklohn nicht für ihre ausreichende Beschäftigung sorgt, oder wenn er sich widerrechtlicher Uebervortheilungen gegen sie schuldig macht;

5. wenn bei Fortsetzung der Arbeit das Leben oder die Gesundheit der Arbeiter einer erweislichen Gefahr ausgesetzt sein würde, welche bei Eingehung des Arbeitsvertrages nicht zu erkennen war.

In den unter Nr. 2 gedachten Fällen ist der Austritt aus der Arbeit nicht mehr zulässig, wenn die zu Grunde liegenden Thatsachen dem Arbeiter länger als eine Woche bekannt sind.

§ 124 a. Außer den in §§ 123 und 124 bezeichneten Fällen kann jeder der beiden Theile aus wichtigen Gründen vor Ablauf der vertragsmäßigen Zeit und ohne Innehaltung einer Kündigungsfrist die Aufhebung des Arbeitsverhältnisses verlangen, wenn dasselbe mindestens auf vier Wochen oder wenn eine längere als vierzehntägige Kündigungsfrist vereinbart ist.

b. Als ein die sofortige Entlassung der Schiffsmannschaft rechtfertigender Grund wird im Abs. 1 des § 25 außer den im § 123 der Gewerbeordnung aufgeführten Thatsachen auch die Verhinderung des Antritts oder der Fortsetzung der Reise durch den Eintritt des Winters bestimmt. In diesem Falle erhält der Schiffsmann jedoch, wenn die Schiffahrt vor Ankunft des Schiffes am Bestimmungsorte eingestellt wird, nach Abs. 3 des § 25 die Kosten der Rückreise an den Ort des Dienstantritts nebst Zehrungsgeldern ersetzt (Begr. S. 59, 56).

c. Die Abs. 2—4 dieses Paragraphen entsprechen den Abs. 4—6 des § 20.

Vierter Abschnitt.

Frachtgeschäft.[1])

§. 26.

Auf das Frachtgeschäft zur Beförderung von Gütern auf Flüssen und sonstigen Binnengewässern finden die Vorschriften der Artikel 390 bis 393, 396 bis 407, 408 Absatz 1 und 3, 409 bis 412, 414 bis 420 des Handelsgesetzbuchs insoweit Anwendung, als nicht in diesem Gesetze ein Anderes bestimmt ist.[2])

Zu § 26.

[1]) Die §§ 26 ff. sprechen nicht vom Schiffseigner sondern vom Frachtführer, weil zwar in der Regel der Schiffseigner derjenige sein wird, welcher die Güterbeförderung auszuführen übernimmt und den Frachtvertrag mit dem Absender abschließt, Schiffseigner und Frachtführer aber auch verschiedene Personen sein können. Der Unterverfrachter, welcher auf Grund eines von ihm über das Schiff im Ganzen geschlossenen Frachtvertrages seinerseits Frachtverträge mit anderen Personen eingeht, hat zwar die Stellung eines Frachtführers, nicht aber die des Schiffseigners. Vereinigen sich diese beiden Stellungen in einer Person, so finden die Bestimmungen über den Frachtführer ihre Ergänzung in denen über den Schiffseigner (Begr. S. 35).

[2]) a. Die im § 26 angeführten Artikel des H.G.B. lauten wie folgt:

390. Frachtführer ist derjenige, welcher gewerbemäßig den Transport von Gütern zu Lande oder auf Flüssen und Binnengewässern ausführt.

391. Der Frachtbrief dient als Beweis über den Vertrag zwischen dem Frachtführer und dem Absender.

Der Frachtführer kann die Ausstellung eines Frachtbriefes verlangen.

392. Der Frachtbrief enthält:

1. die Bezeichnung des Guts nach Beschaffenheit, Menge und Merkzeichen;
2. den Namen und Wohnort des Frachtführers;
3. den Namen des Absenders;
4. den Namen dessen, an welchen das Gut abgeliefert werden soll;
5. den Ort der Ablieferung;
6. die Bestimmung in Ansehung der Fracht;
7. den Ort und Tag der Ausstellung;
8. die besonderen Vereinbarungen, welche die Parteien etwa noch über andere Punkte, namentlich über die Zeit, innerhalb welcher der Transport bewirkt werden soll, und über die Entschädigung wegen verspäteter Ablieferung, getroffen haben.

393. Der Absender ist verpflichtet, bei Gütern, welche vor der Ablieferung an den Empfänger einer zoll- oder steueramtlichen Behandlung unterliegen, den Frachtführer in den Besitz der deshalb erforderlichen Begleitpapiere zu setzen. Er haftet dem Frachtführer, sofern nicht diesem selbst ein Verschulden zur Last fällt, für alle Strafen und Schäden, welche denselben wegen Unrichtigkeit oder Unzulänglichkeit der Begleitpapiere treffen.

396. Wenn auf Grund des vorhergehenden Artikels von dem Frachtführer für Verlust oder Beschädigung des Guts Ersatz geleistet werden muß, so ist der Berechnung des Schadens nur der gemeine Handelswerth des Guts zu Grunde zu legen.

Im Falle des Verlustes ist der gemeine Handelswerth zu ersetzen, welchen Gut derselben Art und Beschaffenheit am Ort der Ablieferung zu der Zeit hatte, in welcher das Gut abzuliefern war; davon kommt in Abzug, was in Folge des Verlustes an Zöllen und Unkosten erspart ist.

Im Falle der Beschädigung ist der Unterschied zwischen dem Verkaufswerth des Guts im beschädigten Zustande und dem gemeinen Handelswerth zu ersetzen, welchen das Gut ohne diese Beschädigung am Ort und zur Zeit der Ablieferung gehabt haben würde, nach Abzug der Zölle und Unkosten, soweit sie in Folge der Beschädigung erspart sind.

Hat das Gut keinen Handelswerth, so ist der Berechnung des Schadens der gemeine Werth des Guts zu Grunde zu legen.

Wenn dem Frachtführer eine bösliche Handlungsweise nachgewiesen wird, so hat er den vollen Schaden zu ersetzen.

397. Der Frachtführer haftet für den Schaden, welcher durch Versäumung der bedungenen oder üblichen Lieferungszeit entstanden ist, sofern er nicht beweist, daß er die Verspätung durch Anwendung der Sorgfalt eines ordentlichen Frachtführers nicht habe abwenden können.

398. Ist für den Fall verspäteter Ablieferung ein Abzug an der Fracht oder der Verlust der Fracht oder sonst eine Konventionalstrafe bedungen, so kann im Zweifel außerdem auch der Ersatz des diesen Betrag übersteigenden Schadens gefordert werden, welcher durch die verspätete Ablieferung entstanden ist.

399. Beweist der Frachtführer, daß er die Verspätung durch die Sorgfalt eines ordentlichen Frachtführers nicht habe abwenden können, so kann die bedungene gänzliche oder theilweise Einbehaltung der Fracht, oder die Konventionalstrafe wegen verspäteter Ablieferung nicht in Anspruch genommen werden, es sei denn, daß sich aus dem Vertrage eine entgegenstehende Absicht ergiebt.

400. Der Frachtführer haftet für seine Leute und für andere Personen, deren er sich bei Ausführung des von ihm übernommenen Transports bedient.

401. Wenn der Frachtführer zur gänzlichen oder theilweisen Ausführung des von ihm übernommenen Transports das Gut einem anderen Frachtführer übergiebt, so haftet er für diesen und die etwa folgenden Frachtführer bis zur Ablieferung.

Jeder Frachtführer, welcher auf einen anderen Frachtführer folgt, tritt dadurch, daß er das Gut mit dem ursprünglichen Frachtbrief annimmt, in den Frachtvertrag gemäß dem Frachtbrief ein, übernimmt eine selbstständige Verpflichtung, den Transport nach Inhalt des Frachtbriefes auszuführen, und hat auch in Bezug auf den von den früheren Frachtführern bereits ausgeführten Transport für die Verbindlichkeiten derselben einzustehen.

402. Der Frachtführer hat den späteren Anweisungen des Absenders wegen Zurückgabe des Guts oder wegen Auslieferung desselben an einen anderen als den im Frachtbriefe bezeichneten Empfänger so lange Folge zu leisten, als er nicht letzterem nach Ankunft des Guts am Ort der Ablieferung den Frachtbrief übergeben hat.

Ist dies bereits geschehen, so hat er nur die Anweisungen des bezeichneten Empfängers zu beachten, widrigenfalls er demselben für das Gut verhaftet ist.

403. Der Frachtführer ist verpflichtet, am Ort der Ablieferung dem durch den Frachtbrief bezeichneten Empfänger das Frachtgut auszuhändigen.

404. Der im Frachtbriefe bezeichnete Empfänger ist vor Ankunft des Guts am Ort der Ablieferung dem Frachtführer gegenüber berechtigt, alle zur Sicherstellung des Guts erforderlichen Maaßregeln zu ergreifen und dem Frachtführer die zu diesem Zweck nothwendigen Anweisungen zu ertheilen; die Auslieferung des Guts kann er vor dessen Ankunft am Ort der Ablieferung nur dann fordern, wenn der Absender den Frachtführer zu derselben ermächtigt hat.

405. Nach Ankunft des Frachtführers am Ort der Ablieferung ist der im Frachtbriefe bezeichnete Empfänger berechtigt, die durch den Frachtvertrag begründeten Rechte gegen Erfüllung der Verpflichtungen, wie sie der Frachtbrief ergiebt, in eigenem Namen gegen den Frachtführer geltend zu machen, sei es, daß er hierbei in eigenem oder fremdem Interesse handle; er ist insbesondere berechtigt, den Frachtführer auf Uebergabe des Frachtbriefes und Auslieferung des Guts zu belangen, sofern nicht der Absender demselben vor Anstellung der Klage eine nach Maaßgabe des Artikels 402 noch zulässige entgegenstehende Anweisung gegeben hat.

406. Durch Annahme des Guts und des Frachtbriefes wird der Empfänger verpflichtet, dem Frachtführer nach Maaßgabe des Frachtbriefes Zahlung zu leisten.

407. Wenn der bezeichnete Empfänger des Guts nicht auszumitteln ist oder die Annahme verweigert, oder wenn Streit über die Annahme oder den Zustand des Guts entsteht, so kann der Betheiligte den letzteren durch Sachverständige feststellen lassen.

Die Sachverständigen ernennt auf das Ansuchen des Betheiligten das Handelsgericht oder in dessen Ermangelung der Richter des Orts.

Die Sachverständigen haben ihr Gutachten schriftlich oder zu Protokoll zu erstatten.

Das Gericht kann auf Ansuchen des Betheiligten verordnen, daß das Gut in einem öffentlichen Lagerhause oder bei einem Dritten niedergelegt, und daß es ganz oder zu einem entsprechenden Theile Behufs Bezahlung der Fracht und der übrigen Forderungen des Frachtführers öffentlich verkauft wird.

Ueber das Ansuchen um Ernennung von Sachverständigen oder um Verfügung des Gerichts wegen Niederlegung und wegen Verkaufs des Guts wird die Gegenpartei, wenn sie am Ort anwesend ist, gehört.

408. Abs. 1. Durch Annahme des Guts und Bezahlung der Fracht erlischt jeder Anspruch gegen den Frachtführer.

Abs. 3. Die Bestimmungen über die Verjährung der Klagen und Einreden gegen den Spediteur wegen Verlustes, Beschädigung oder verspäteter Ablieferung des Guts (Artikel 386) finden auch auf den Frachtführer Anwendung.

409. Der Frachtführer hat wegen aller durch den Frachtvertrag begründeten Forderungen, insbesondere der Fracht- und Liegegelder, sowie wegen der Zollgelder und anderer Auslagen ein Pfandrecht an dem Frachtgut. Dieses Pfandrecht besteht, so lange das Gut zurückbehalten oder niedergelegt ist; es dauert auch nach der Ablieferung noch fort, insofern der Frachtführer es binnen drei Tagen nach der Ablieferung gerichtlich geltend macht, und das Gut noch bei dem Empfänger oder bei einem Dritten sich befindet, welcher es für den Empfänger besitzt.

Er kann zu seiner Befriedigung den Verkauf des Guts oder eines Theils desselben veranlassen (Artikel 407).

Er hat dieses Recht auch gegenüber den übrigen Gläubigern und der Konkursmasse des Eigenthümers.

410. Geht das Gut durch die Hände mehrerer Frachtführer, so hat der letzte bei der Ablieferung, sofern nicht der Frachtbrief das Gegentheil bestimmt, auch die aus dem Frachtbriefe sich ergebenden Forderungen der vorhergehenden einzuziehen und deren Rechte, insbesondere auch das Pfandrecht, auszuüben.

Der vorhergehende Frachtführer, welcher von dem nachfolgenden befriedigt ist, überträgt auf diesen von Rechtswegen seine Forderung und sein Pfandrecht.

In gleicher Art wird die Forderung und das Pfandrecht des Spediteurs auf den nachfolgenden Spediteur und den Frachtführer übertragen.

Das Pfandrecht der Vormänner besteht so lange, als das Pfandrecht des letzten Frachtführers.

411. Wenn auf demselben Gute zwei oder mehrere gemäß den Artikeln 374, 382 und 409 begründete Pfandrechte bestehen, so geht unter denjenigen Pfandrechten, welche durch die Versendung oder durch den Transport des Guts entstanden sind, das später entstandene dem früher entstandenen vor; diese Pfandrechte haben sämmtlich den Vorrang vor dem Pfandrecht des Kommissionairs und vor dem Pfandrecht des Spediteurs für Vorschüsse; unter den letzteren Pfandrechten geht das früher entstandene dem später entstandenen vor.

412. Wenn der Frachtführer das Gut ohne Bezahlung abliefert und das Pfandrecht nicht binnen drei Tagen nach der Ablieferung gerichtlich geltend macht, so wird er, sowie die vorhergehenden Frachtführer und die Spediteure, des Rückgriffs gegen die Vormänner verlustig. Der Anspruch gegen den Empfänger bleibt in Kraft.

414. Der Ladeschein enthält:

1) die Bezeichnung der geladenen Güter nach Beschaffenheit, Menge und Merkzeichen;
2) den Namen und Wohnort des Frachtführers;
3) den Namen des Absenders;
4) den Namen desjenigen, an den oder an dessen Order das Gut abgeliefert werden soll. Als solcher ist der Absender zu verstehen, wenn der Ladeschein lediglich an Order gestellt ist;
5) den Ort der Ablieferung;
6) die Bestimmung in Ansehung der Fracht;
7) den Ort und Tag der Ausstellung.

Der Ladeschein muß von dem Frachtführer unterzeichnet sein.

Der Absender hat dem Frachtführer auf dessen Verlangen eine von ihm unterzeichnete gleichlautende Kopie des Ladescheins auszuhändigen.

415. Der Ladeschein entscheidet für die Rechtsverhältnisse zwischen dem Frachtführer und dem Empfänger des

Guts; die nicht in denselben aufgenommenen Bestimmungen des Frachtvertrages haben gegenüber dem Empfänger keine rechtliche Wirkung, sofern nicht auf dieselben ausdrücklich Bezug genommen ist.

Für die Rechtsverhältnisse zwischen Frachtführer und Absender bleiben die Bestimmungen des Frachtvertrages maaßgebend.

416. Wenn der Frachtführer einen Ladeschein ausgestellt hat, darf er späteren Anweisungen des Absenders wegen Zurückgabe oder Auslieferung des Guts an einen anderen als den durch den Ladeschein legitimirten Empfänger nur dann Folge leisten, wenn ihm der Ladeschein zurückgegeben wird. Handelt er dieser Bestimmung entgegen, so ist er dem rechtmäßigen Inhaber des Ladescheins für das Gut verpflichtet.

417. Zum Empfange des Guts legitimirt ist derjenige, an welchen das Gut nach dem Ladeschein abgeliefert werden soll, oder auf welchen der Ladeschein, wenn er an Order lautet, durch Indossament übertragen ist.

418. Der Frachtführer ist zur Ablieferung des Guts nur gegen Rückgabe des Ladescheins, auf welchem die Ablieferung des Guts zu bescheinigen ist, verpflichtet.

419. Im Uebrigen kommen die Bestimmungen über die Rechte und Pflichten des Frachtführers auch in dem Falle zur Anwendung, wenn ein Ladeschein ausgestellt ist.

420. Wenn ein Kaufmann, dessen gewöhnlicher Handelsbetrieb sich nicht auf die Ausführung von Frachtgeschäften erstreckt, in einem einzelnen Falle einen Transport von Gütern zu Land oder auf Flüssen und Binnengewässern auszuführen übernimmt, so kommen die Bestimmungen dieses Titels auch in Bezug auf ein solches Geschäft zur Anwendung.

b. Außer Anwendung auf die Binnenschiffahrt sind daher aus dem IV. Buch 5. Titel H.G.B. „Von dem Frachtgeschäft“ nur Abs. 2, Art. 408 (ersetzt durch § 61

Abs. 2), Art. 413 (ersetzt durch § 70 Abs. 1), Abs. 4, Art. 407, insoweit er sich auf die Niederlegung des Frachtguts bezieht (ersetzt durch § 52). Maßgebend für die Binnenschiffahrt bleiben, jedoch mit gewissen Abänderungen für einzelne Anwendungsfälle, Art. 394 Abs. 2 H.G.B. (vergl. § 68), Art. 395 (vergl. §§ 57, 58) und Art. 408 Abs. 1 (vergl. § 61).

§. 27.[1])

Ist das Schiff im Ganzen verfrachtet, so hat der Frachtführer dasselbe zur Einnahme der Ladung an den von dem Absender ihm angewiesenen Platz hinzulegen.

Wenn die Anweisung nicht rechtzeitig erfolgt, oder wenn die Wassertiefe, die Sicherheit des Schiffes oder die örtlichen Verordnungen oder Einrichtungen die Befolgung der ertheilten Anweisung nicht gestatten, so kann der Frachtführer, falls der Absender auf die Aufforderung nicht unverzüglich einen geeigneten Ladeplatz bezeichnet, an einem der ortsüblichen Ladeplätze anlegen. Er hat bei der Wahl des Ladeplatzes das Interesse des Absenders thunlichst zu berücksichtigen.[2])

Die Verladung an verschiedenen Ladeplätzen des Abgangsortes vorzunehmen ist der Frachtführer nur verpflichtet, wenn dies besonders vereinbart ist. Er hat in diesem Falle Anspruch auf Ersatz der entstehenden Mehrkosten. Die Dauer der Ladezeit wird durch die übernommene Verpflichtung nicht berührt.[3])

Zu § 27.

[1]) Die §§ 27—40 handeln von der Einnahme und Beförderung der Ladung, und zwar die §§ 27—37

von dem Falle, wenn das Schiff im Ganzen verfrachtet ist, und die §§ 38—40 von dem Falle, wenn Theil- oder Stückgüterverfrachtung vorliegt.

²) **Ladeplatz.** Die Abs. 1 und 2 des § 27 entsprechen im Wesentlichen den beiden Absätzen des Art. 561 H.G.B. Hat der Frachtführer gemäß den ersteren einmal berechtigter Weise einen Ladeplatz gewählt, so ist damit das Anweisungsrecht des Absenders erloschen und dieser ist verpflichtet, die Ladung an den von dem Frachtführer eingenommenen Platz zu liefern. Haben mehrere Absender gemeinsam den Frachtvertrag über das Schiff im Ganzen geschlossen und weisen sie nicht sämmtlich den gleichen Ladeplatz an (Art. 561 Abs. 2 H.G.B.), dann liegt eine rechtswirksame Anweisung nicht vor; der Frachtführer kann dann nach Abs. 2 des § 27 verfahren. Sind mehrere ortsübliche Ladeplätze vorhanden, so muß der Frachtführer, wenn er zur Auswahl nach Abs. 2 berechtigt ist, thunlichst das Interesse des Absenders, soweit er es zu übersehen vermag, berücksichtigen (Begr. S. 81). Abweichend vom Art. 561 Abs. 2 H.G.B. ist dem Frachtführer nicht eine Verpflichtung, sondern nur eine Befugniß ertheilt, wenn die Anweisung des Absenders nicht rechtzeitig erfolgt oder nicht ausführbar ist, an einem der üblichen Ladeplätze anzulegen; trotzdem kann er unter Umständen wegen grundloser Verzögerung in der Auswahl dem Absender zum Schadensersatz verpflichtet werden (Begr. S. 62).

³) Der Abs. 3 des § 27 ist in der Kommission entstanden (Ber. S. 8 und 22). Grundsätzlich braucht der Frachtführer nicht an verschiedenen Ladeplätzen des Abgangsortes anzulegen; um ihn hierzu zu verpflichten, bedarf es einer besonderen Vereinbarung und er hat dann Anspruch auf Ersatz der Mehrkosten. Die übernommene Verpflichtung ändert jedoch nicht die Ladezeit.

§. 28.

Sobald der Frachtführer zur Einnahme der Ladung bereit ist, hat er dies dem Absender anzuzeigen.

Die Anzeige hat an einem Werktage vor dem Schlusse der ortsüblichen Geschäftsstunden zu erfolgen. Eine spätere oder an einem Sonntage oder allgemeinen Feiertage erfolgte Anzeige gilt als am nächsten Werktage erfolgt.[1])

Weigert sich der Absender, den Zeitpunkt des Empfanges der Anzeige zu bescheinigen, so ist der Frachtführer befugt, auf Kosten des Absenders eine öffentliche Urkunde darüber errichten zu lassen.[2])

Zu § 28.

[1]) **Ladebereitschaft.** Der Abs. 1 des § 28 entspricht dem Abs. 1 Art. 568 H.G.B. Die Ladebereitschaft kann erklärt werden, bevor sich das Schiff am Ladeplatze befindet, wenn nur der Frachtführer bereit und im Stande ist, der Anweisung des Absenders in Betreff des Ladeplatzes sofort nachzukommen und mit der Ladung zu beginnen.

[2]) Der Abs. 3 des § 28 ist in Anlehnung an Art. 572 H.G.B. getroffen und bezweckt, dem Frachtführer den Beweis des Zeitpunkts, an welchem die Ladezeit begann, zu sichern (Begr. S. 62). Auf die Kosten dieses Protestes findet in Preußen § 49 Ziff. 4 G.K.G. vom 25. Juni 1895 (volle Gebühr) Anwendung.

§. 29.[1])

Mit dem auf die Anzeige der Ladebereitschaft folgenden Tage beginnt die Ladezeit.

Die Ladezeit beträgt bei Ladungen

bis zu 30 000 Kilogramm zwei Tage,
„ „ 50 000 „ drei Tage,
„ „ 100 000 „ vier Tage

und so fort in Stufen von 50 000 Kilogramm je einen Tag mehr für jede höhere Stufe bis zu Ladungen von 500 000 Kilogramm; von da ab steigt die Ladezeit für je 100 000 Kilogramm um je einen Tag. Bei Ladungen über 1 000 000 Kilogramm beträgt die Ladezeit achtzehn Tage.

Bei der Berechnung kommen auch diejenigen Tage in Ansatz, an welchen der Absender, wenngleich ohne sein Verschulden, an der Lieferung der Ladung verhindert ist. Nicht in Ansatz kommen die Sonntage und allgemeinen Feiertage sowie die Tage, an welchen durch zufällige Umstände, insbesondere durch Hochwasser oder Eisgefahr, die Verladung nicht nur der bedungenen, sondern jeder Art von Gütern auf das Schiff verhindert ist.

Die Vorschriften im Absatz 2 finden nur insoweit Anwendung, als nicht durch Vereinbarung oder Verordnung der höheren Verwaltungsbehörde ein Anderes bestimmt ist.[2])

Zu § 29.

[1]) Die §§ 29—39 enthalten Bestimmungen über die Ladezeit und die §§ 48—54 über die Löschzeit.

[2]) a. **Beginn und Dauer der Ladezeit.** Die Ladezeit beginnt mit dem auf die Anzeige der Ladebereitschaft (§ 28 Abs. 2) folgenden Tage, vorausgesetzt daß die Lade-

bereitschaft wirklich vorhanden ist, also Mängel des Schiffes, der Mannschaft oder ähnliche Umstände nicht die Verladungsarbeiten hindern. Die Fristen sind nach dem Gewicht der Ladung abgestuft (Komm.Ber. S. 22) und gelten nur subsidiär, wenn nicht ein Anderes durch Vereinbarung oder Verordnung der höheren Verwaltungsbehörde bestimmt ist (Abs. 3). Die Bestimmungen des Abs. 2 über die auf die Ladungsfrist anzurechnenden oder nicht anzurechnenden Tage können zwar durch Vertrag abgeändert werden, nicht aber durch Verordnung von Verwaltungsbehörden (Komm.Ber. S. 9). Jene Bestimmungen gehen von dem Grundsatze aus, daß Absender und Frachtführer die Folgen derjenigen Hindernisse zu tragen haben, welche auf ihrer Seite eintreten. Verzögert der Frachtführer die Beladung schuldhafter Weise, so ist die Zeit der Verzögerung in die Ladezeit nicht einzurechnen. Ist der Absender, auch nur in Folge zufälliger Umstände, an der rechtzeitigen Lieferung verhindert, so wird die Ladefrist dadurch nicht verlängert (analog Art. 574 H.G.B.). Auch wenn die Verladung selbst d. h. die Verbringung der Güter auf und in das Schiff durch Witterungsverhältnisse zeitweise unmöglich gemacht ist, trägt der Absender die Folgen; sofern die Unmöglichkeit der Verladung nur aus der besonderen Beschaffenheit der Güter entspringt, z. B. bei Verladung von Getreide. Ist der Hinderungsgrund aber ein solcher, daß die Verladung jeder Art von Gütern wie bei Hochwasser oder Eisgefahr unmöglich ist, so verlängert sich die Ladezeit um die Zeit der Hinderung, ohne daß der Frachtführer dafür Anspruch auf Liegegeld erlangt [gegen Art. 575 H.G.B.]. (Begr. S. 64.)

b. Sonntage und allgemeine Feiertage bleiben (gegen Art. 574 Abs. 1 H.G.B.) bei Berechnung der Ladezeit außer Ansatz, weil die Gesammtdauer der Ladezeit nach durchschnittlichen Tagesleistungen bemessen ist, für diese

Leistungen aber der Regel nach nur die Werktage in Betracht kommen (Begr. S. 65).

§. 30.

Wenn der Absender die Ladung nicht so zeitig liefert, daß die Beladung innerhalb der Ladezeit vollendet werden kann, so gebührt dem Frachtführer Liegegeld für jeden Tag, um welchen in Folge dessen die Ladezeit überschritten wird. Für Tage, an denen die Schiffahrt geschlossen ist, kann kein Liegegeld beansprucht werden.[1])

Zu § 30.

[1]) a. **Liegegeld.** Für die Ladezeit hat der Frachtführer keine Vergütung zu beanspruchen. Wird eine Ueberschreitung der Frist nur deshalb nothwendig, weil der Absender die Ladung nicht zeitig genug geliefert hat, um die Ladung innerhalb der Frist vollenden zu können, so hat der Frachtführer für die Ueberliegezeit Anspruch auf Liegegeld, und zwar (gegen Art. 568 Abs. 3, 4, 586 H.G.B.) auch wenn keine Ueberliegezeit bedungen ist. Der Absender kann von dem ihm durch § 36 eingeräumten Rechte Gebrauch machen (Begr. S. 65). Für die Frage, ob zeitig geliefert ist, kann der Umstand von Bedeutung sein, daß die Güter nicht sofort bei Beginn der Ladezeit zur Stelle waren.

b. Der Lauf der Ladezeit wird durch Tage, an denen die Schiffahrt geschlossen ist, nicht unterbrochen, weil die Beladung des Schiffes dadurch nicht verhindert wird. Dagegen kann der Frachtführer für diese Tage kein Liegegeld fordern, weil dasselbe eine Vergütung für die entzogene anderweite Verwendung des Schiffes darstellt. Auch Bewachungskosten des beladenen Schiffes sind ihm nicht zu ersetzen (Begr. S. 66).

§. 31.

Die Bestimmung des §. 30 gilt auch dann, wenn bedungen ist, daß der Frachtführer nach Ablauf der Ladezeit noch länger auf die Ladung warten soll (Ueberliegezeit).

Die Ueberliegezeit beginnt mit dem Ablaufe der Ladezeit. Auf die Dauer und die Berechnung der Ueberliegezeit finden die Bestimmungen über die Ladezeit (§. 29 Absatz 2 bis 4) mit der Maßgabe Anwendung, daß die Ueberliegezeit in Ermangelung einer besonderen Vereinbarung höchstens eine Woche beträgt.[1])

Zu § 31.

[1]) a. **Ueberliegezeit.** Auch für die bedungene Ueberliegezeit ist gemäß § 30 Liegegeld zu zahlen; und dieses ist fortzuentrichten, wenn nach Ablauf jener Zeit der Frachtführer noch länger auf die Verladung warten muß (Begr. S. 67).

b. In Folge der Abs. 2 und 4 des § 29 steht die Dauer der Ladezeit fest; mit ihrem Ablauf beginnt die Ueberliegezeit. Ist eine solche bedungen, über ihre Dauer oder Berechnung aber nichts vereinbart, so finden auf dieselbe die Abs. 2—4 des § 29 mit der Einschränkung Anwendung, daß die Ueberliegezeit, falls nicht etwas Anderes bedungen ist, höchstens eine Woche beträgt.

§. 32.

In Ermangelung vertragsmäßiger Festsetzung oder Verordnung der höheren Verwaltungsbehörde beträgt das Liegegeld für jeden Tag bei Schiffen von einer Tragfähigkeit

bis zu 50 000 Kilogramm 12 Mark,
" " 100 000 " 15 "

und so fort in Stufen von 50 000 Kilogramm je drei Mark mehr für jede höhere Stufe.[1])

Ueber die Tragfähigkeit entscheidet der Inhalt des Schiffsbriefes (§. 126 Absatz 3).[2])

Jeder angebrochene Tag wird als voller Tag gerechnet.[3])

Zu § 32.

[1]) Der Betrag des Liegegeldes ist subsidiär bestimmt und nach der Tragfähigkeit des Schiffes abgestuft, weil es sich um eine Vergütung für die Entziehung einer anderen Verwendung des ganzen Schiffes handelt.

[2]) Bei nicht registrirten Schiffen wird die Tragfähigkeit in anderer Weise nachzuweisen sein (Begr. S. 68).

[3]) Der Abs. 3 ist ein Zusatz der Kommission (Ber. S. 23).

§. 33.

Nach Ablauf der Ladezeit oder der etwa vereinbarten Ueberliegezeit ist der Frachtführer nicht verpflichtet, noch länger auf die Lieferung der Ladung zu warten. Er muß jedoch seinen Willen, nicht länger zu warten,

bei Ladungen bis zu 10 000 Kilogramm spätestens einen Werktag,

bei Ladungen bis zu 50 000 Kilogramm spätestens zwei Werktage,

bei Ladungen über 50 000 Kilogramm spätestens drei Werktage

vor Ablauf der Ladezeit oder der Ueberliegezeit dem Absender erklären. Ist dies nicht geschehen, so läuft die Wartezeit nicht eher ab, als bis die Erklärung nachgeholt ist und seit dem Tage, an dem sie erfolgt ist, die vorstehend bezeichneten Fristen verstrichen sind. Auf die Erklärung finden die Bestimmungen im §. 28 Absatz 2, 3 entsprechende Anwendung.[1])

Die Wartezeit läuft in keinem Falle ab, bevor eine der Ladezeit gleichkommende Frist seit dem Tage, an welchem das Schiff den Ladeplatz erreicht hat, verstrichen ist.[2])

Zu § 33.

[1]) **Wartezeit.** Der Frachtführer kann schon vor Ablauf der Ladezeit oder der bedungenen Ueberliegezeit dem Absender mit den im § 33 Abs. 1 angegebenen Fristen von 1 bis 3 Tagen (Wartezeit) erklären, daß er nach Ablauf der ersteren Zeiten nicht länger auf die Lieferung der Ladung warten wolle; diese Wartezeit muß er auch dann gewähren, wenn sie in Folge seiner verzögerten Erklärung über die Ladezeit oder bedungene Liegezeit hinausreicht oder die Erklärung erst nach deren Ablauf erfolgt. In dem ersterwähnten Falle wird durch die Erklärung die Lade- oder bedungene Ueberliegezeit zu einer wesentlichen Vertragsbestimmung, wie bei einem Fixgeschäft, erhoben; in den letzteren Fällen ist die Erklärung eine dem Absender gestellte Nachfrist zur Nachholung des Versäumten. Unterbleibt eine solche Erklärung, so darf der Absender annehmen, daß der Frachtführer gegen Liegegeld noch weiter warten werde.

[2]) Mangel an Platz zum Anlegen des Schiffes behufs der Einladung fällt dem Absender zur Last. Da in Folge dieses Hindernisses die Wartezeit ablaufen und die

Folge eintreten könnte, welche der § 34 bestimmt, noch ehe der Absender die Ladung liefern konnte oder das Schiff überhaupt an den Ladeplatz gelangt war, so ist zur Vermeidung dieser Unbilligkeit die Bestimmung des Abs. 2 im § 33 getroffen (Begr. S. 65, 68, Komm.Ber. S. 10).

§. 34.

Hat der Absender bis zum Ablaufe der Wartezeit (§. 33) keine Ladung geliefert, so ist der Frachtführer an den Vertrag nicht länger gebunden und befugt, von dem Absender ein Drittel der bedungenen Fracht als Entschädigung zu verlangen. Hierdurch wird ein bereits begründeter Anspruch auf Liegegeld (§§ 30, 31) nicht berührt.[1])

Zu § 34.

[1]) **Fautfracht.** a. Der § 34 bestimmt die Folgen, welche eintreten, wenn der Absender während der durch die Erklärung des Frachtführers in Lauf gesetzten Wartezeit gar keine Ladung geliefert hat, während § 35 die Folgen bestimmt, welche eintreten, wenn innerhalb der Frist nur theilweise angeliefert ist. Im ersteren Falle ist der Frachtführer an den Frachtvertrag nicht mehr gebunden, braucht den Rücktritt nicht erst besonders zu erklären, Güter, welche nach Ablauf der Wartezeit ihm vom Absender angeboten werden, nicht mehr anzunehmen, kann den Ladeplatz verlassen, über sein Fahrzeug anderweit verfügen, und außer den ihm etwa zustehenden Liegegeldern als Entschädigung ein Drittel der bedungenen Fracht (Fautfracht) verlangen, ohne Rücksicht auf den mit dem freigewordenen Schiffe etwa anderweit erzielten Erwerbe.

b. Die Fälle, daß ein Schiff zugleich auf Rückladung oder für eine in anderer Weise zusammengesetzte Fracht verchartert ist (Art. 584, 585 H.G.B.), sind in dem vorliegenden Gesetze nicht geregelt. (Ber. S. 69.)

c. Entsteht die Fautfrachtforderung erst während der Reise, so ist sie neben der Frachtforderung für den vollendeten Theil der Reise von einer Quote der Fracht zu verlangen, welche dem noch nicht zurückgelegten Theile der Reise entspricht. (Begr. S. 69.)

d. Von dem Ablauf der Wartezeit an kann der Frachtführer kein Liegegeld fordern, da die Erklärung, nicht länger warten zu wollen, auch für ihn bindend ist. Wenn jedoch der Absender nach Empfang der Erklärung die Ladung doch noch liefert und der Frachtführer sie annimmt, so liegt hierin ein Widerruf seiner Erklärung und er hat Anspruch auf Liegegeld, wie wenn die Erklärung überhaupt nicht abgegeben worden wäre. (Begr. S. 69.)

§. 35.

Hat der Absender bis zum Ablaufe der Wartezeit die Ladung nur theilweise geliefert, so ist der Frachtführer befugt, sofern der Absender nicht von dem Vertrage zurücktritt (§. 36), die Reise mit der unvollständigen Ladung anzutreten. Auf Verlangen des Absenders muß er die Reise jederzeit auch ohne die volle Ladung antreten.

In diesen Fällen gebührt dem Frachtführer nicht allein die Fracht für die volle Ladung und das etwaige Liegegeld, sondern er ist auch berechtigt, soweit ihm durch die Unvollständigkeit der Ladung die Sicherheit für die volle Fracht entgeht, die Bestellung einer anderweitigen Sicherheit zu fordern. Außerdem sind ihm die Mehrkosten, welche in Folge der Unvollständigkeit der Ladung ihm etwa erwachsen, zu erstatten.[1])

Zu § 35.

[1]) a. Hat der Absender bis zum Ablauf der Wartezeit die Ladung nur theilweise geliefert und ist er vom Vertrage nicht zurückgetreten (§ 36), so kann der Frachtführer die Reise mit der unvollständigen Ladung antreten, und muß dies auf Verlangen des Absenders thun (analog Art. 579, 580 H.G.B.). Der Abs. 2 des § 35 bestimmt des Näheren, welche Rechte der Frachtführer in allen diesen Fällen hat. Er kann die volle Fracht und die Mehrkosten verlangen, welche durch die Beschaffung von Ballast oder sonst ihm durch die unvollständige Lieferung entstehen. Insoweit er durch diese nicht genügende Pfandsicherheit hat, kann er anderweite Sicherheitsleistung verlangen und — wie die Begr. S. 70 sagt — sich nöthigenfalls durch Arreste sichern. Daß aber ein genügender Arrestgrund immer vorhanden ist, scheint nicht zutreffend zu sein. Ist dies nicht der Fall, so bleibt einer Weigerung gegenüber nur die Klage im ordentlichen Verfahren auf Sicherheitsleistung offen.

b. Das Recht des Absenders, den Antritt der Reise mit unvollständiger Ladung zu verlangen, und zwar schon vor Ablauf der Lade- oder Ueberliegezeit, ist ihm (gemäß Art. 579 H.G.B.) gegen die erwähnten Leistungen eingeräumt, damit er bei seinen geschäftlichen Verfügungen auf eine etwaige Aenderung der Umstände Rücksicht nehmen kann. (Begr. S. 70.)

§. 36.

Vor Antritt der Reise kann der Absender von dem Vertrage unter der Verpflichtung zurücktreten, den Frachtführer nach Maßgabe des §. 34 zu entschädigen.

Macht der Absender von diesem Rechte Gebrauch, nachdem Ladung geliefert ist, so muß er auch die Kosten der Verladung und Wiederausladung tragen.

Der Frachtführer ist verpflichtet, den Aufenthalt, welchen die Wiederausladung verursacht, sich gefallen zu lassen, selbst wenn dadurch die Ladezeit und eine etwa bedungene Ueberliegezeit überschritten wird, wogegen ihm Liegegeld für die Zeit nach Ablauf der Ladezeit und außerdem Ersatz des durch die Ueberschreitung der Lade- und Ueberliegezeit entstandenen Schadens gebührt, soweit der letztere den Betrag des Liegegeldes übersteigt.

Der Frachtführer ist, wenn der Absender nach erklärtem Rücktritt die Wiederausladung über die Wartezeit hinaus verzögert, berechtigt, die Güter selbst auszuladen und dieselben gerichtlich oder in anderer sicherer Weise niederzulegen. [1])

Zu § 36.

[1]) **Rücktritt des Absenders.** a. Bis zum thatsächlichen Antritt der Reise kann der Absender von dem Frachtvertrage zurücktreten, muß dann aber Fautfracht und etwa bereits entstandene Liegegelder zahlen. Die Frist ist länger als die im Art. 581 Abs. 2 H.G.B. bestimmte.

b. Auch wenn die Beladung bereits ganz oder theilweise stattgefunden hat, die Reise aber noch nicht wirklich angetreten (d. h. der Ladungsplatz zum Zwecke der Reise verlassen) ist, kann der Absender noch zurücktreten, muß aber dann Fautfracht und Liegegelder für die Zeit nach Ablauf der Ladezeit und den durch die Ueberschreitung der Lade- und Liegezeit entstandenen, den Betrag der Liegegelder etwa überschreitenden Schaden ersetzen, sowie die Kosten der Verladung und Wiederausladung tragen. Der Frachtführer muß sich gegen jene Leistungen den durch die Wiederausladung entstehenden Zeitverlust gefallen lassen, kann also nach der Rücktrittserklärung des Absenders nicht mehr mit der unvollständigen Ladung die Reise antreten. Er kann sich aber gegen eine unmäßige Zögerung des Absenders in der Rücknahme der Güter durch seine Erklärung gemäß § 33 schützen, und nach Ablauf der Wartezeit die Güter selbst ausladen und die Güter gerichtlich oder in anderer sicherer Weise niederlegen.

§. 37.

Nachdem die Reise angetreten ist, kann der Absender die Wiederausladung der Güter vor Ankunft derselben am Ablieferungsorte nur gegen Berichtigung der vollen Fracht sowie aller sonstigen Forderungen des Frachtführers und gegen Berichtigung oder Sicherstellung der Beiträge zur großen Haverei und der Bergungs- oder Hülfskosten, welche auf den Gütern haften, fordern.

Im Falle der Wiederausladung hat der Absender nicht nur die hierdurch entstandenen Mehrkosten, sondern auch den Schaden zu ersetzen, welcher aus dem durch die Wiederausladung verursachten Aufenthalt dem Frachtführer entsteht.[1])

Zu § 37.

[1]) **Wiederausladung.** a. Da nach Art. 402 H.G.B. der Frachtführer den Anweisungen des Absenders wegen Zurückgabe des Guts so lange Folge leisten muß, bis er dem Empfänger nach Ankunft des Guts am Ort der Ablieferung den Frachtbrief ausgehändigt hat, so kann der Absender auch während der Reise die Wiederausladung der Güter verlangen, aber nur gegen Zahlung der vollen Fracht und der außerdem im § 37 bestimmten

Forderungen und Beiträge (entsprechend Art. 583 H.G.B.), sowie gegen Ersatz der durch die vorzeitige Ausladung entstandenen Mehrkosten und des durch den Aufenthalt am Zwischenort dem Frachtführer entstandenen Schadens. Der Absender kann aber (ebenso wie es Abs. 3 des Art. 583 H.G.B. ausdrücklich bestimmt) zum Zwecke der Wiederausladung der Güter eine Aenderung der Reiserichtung nicht verlangen; ebensowenig kann er zu diesem Zwecke die Zurücklegung einer weiteren Strecke als der im Frachtvertrage bestimmten beanspruchen. (Begr. S. 71.)

b. Wenn der Antritt oder die Fortsetzung der Reise durch Zufall verhindert ist, so kommen nicht die §§ 36 und 37, sondern die §§ 67—70 zur Anwendung.

c. Das Recht des Absenders, die Wiederausladung der Güter zu fordern, erleidet in dem Falle eine Beschränkung, wenn der Frachtführer einen Ladeschein ausgestellt hat, denn der Art. 416 H.G.B. bestimmt:

> Wenn der Frachtführer einen Ladeschein ausgestellt hat, darf er späteren Anweisungen des Absenders wegen Zurückgabe oder Auslieferung des Guts an einen anderen als den durch den Ladeschein legitimirten Empfänger nur dann Folge leisten, wenn ihm der Ladeschein zurückgegeben wird. Handelt er dieser Bestimmung entgegen, so ist er dem rechtmäßigen Inhaber des Ladescheins für das Gut verpflichtet.

§. 38.[1])

Ist nicht das Schiff im Ganzen, sondern ein verhältnißmäßiger Theil oder ein bestimmt bezeichneter Raum desselben verfrachtet oder hat der Frachtvertrag Stückgüter im Gewichte von 10 000 Kilogramm oder mehr zum Gegenstande, so kommen die Vorschriften der §§. 28 bis 37 mit folgenden Abweichungen zur Anwendung: [2])

1. die Ladezeit beträgt für den einzelnen Absender bei einer von ihm zu liefernden Ladung
   bis zu 50 000 Kilogramm einen Tag,
   „ „ 100 000 „ zwei Tage
   und so fort in Stufen von 50 000 Kilogramm je einen Tag mehr für jede höhere Stufe bis zu Ladungen von 500 000 Kilogramm; von da ab steigt die Ladezeit für je 100 000 Kilogramm um je einen Tag; bei Ladungen über 1 000 000 Kilogramm beträgt die Ladezeit sechszehn Tage. Eine Verpflichtung zur Entrichtung von Liegegeld (§. 30) tritt jedoch in keinem Falle vor Ablauf von drei Tagen seit dem Zeitpunkte ein, mit welchem die Ladezeit einem der Absender gegenüber zuerst zu laufen begonnen hat; der Frachtführer ist indeß nicht berechtigt, von mehreren Absendern gleichzeitig für denselben Tag das Liegegeld mehrfach zu beanspruchen; [3])
2. der Frachtführer erhält in den Fällen des §. 34 und des §. 36 Absatz 1 als Entschädigung nicht blos ein Drittel, sondern die Hälfte der Fracht, es sei denn, daß sämmtliche Absender keine Ladung liefern oder zurücktreten; [4])
3. der Absender kann in den Fällen der §§. 36, 37 die Wiederausladung nicht verlangen, wenn dieselbe eine Verzögerung der Reise zur Folge haben

oder eine Umladung oder Umstauung nöthig machen würde, es sei denn, daß zugleich die Genehmigung aller übrigen Absender beigebracht und auch das Schiff durch die Wiederausladung nicht gefährdet wird. Außerdem ist der Absender verpflichtet, die Mehrkosten und den Schaden zu ersetzen, welche durch die Wiederausladung entstehen. [5])

Zu § 38.

[1]) Die §§ 38—40 handeln von der Theil- und Stückgüterverfrachtung.

[2]) Sind Schiffstheile nach Quoten oder bestimmten Räumen oder sind Stückgüter von 10000 Kilogramm und darüber verfrachtet, so finden auf alle diese Fälle die Bestimmungen der §§ 28—37 über die Verfrachtung eines Schiffes im Ganzen Anwendung, jedoch mit den im § 38 verordneten Abweichungen, welche dadurch nothwendig werden, daß mehrere Absender vorhanden und einzelne wenige Stücke vielleicht an einem Zwischenorte zu übernehmen sind.

[3]) Die Ladezeit ist kürzer als die im § 29 geregelte und bestimmt sich für jeden Absender nach dem Gewicht der von ihm zu verladenden Güter und nach der ihm gegenüber abgegebenen Erklärung der Ladebereitschaft. Der Frachtführer kann dieselbe mehreren Absendern für denselben Tag anzeigen, falls die gleichzeitige Verladung ausführbar ist; wäre letzteres nicht der Fall, so würde trotz der angezeigten Ladebereitschaft die Ladezeit nicht in Lauf gesetzt und der Frachtführer unter Umständen dem Absender für die nutzlos verursachten Kosten aufkommen müssen. (Begr. S. 73.) Die Kommission (Ber. S. 11 und 23) hat der Ziff. 1 den Zusatz hinzugefügt, daß eine Verpflichtung zur Zahlung von Liegegeld in keinem

Falle eintritt vor Ablauf von drei Tagen seit dem Zeitpunkte, mit welchem die Ladezeit einem der Absender gegenüber zuerst zu laufen begonnen hat. In den Plenarberathungen des Reichstags vom 29. April und 4. Mai 1895 wurde dem Antrage des Abg. Bassermann entsprechend hinzugefügt: der Frachtführer ist indeß nicht berechtigt, von mehreren Absendern gleichzeitig für denselben Tag das Liegegeld mehrfach zu beanspruchen. — In Folge des G. hat also der einzelne Absender seine besondere Ladezeit und muß bei deren Ueberschreitung Liegegeld zahlen.

[4]) Die Fautfracht ist höher als die in den §§ 34, 36 verordnete, weil bei der Verfrachtung des ganzen Schiffs, wenn der Frachtführer oder der Absender von dem Frachtvertrage zurücktritt, die Unkosten der Reise gespart werden und der Frachtführer das Schiff anderweit verwenden kann. Bei der Theilverfrachtung trifft dies nur zu, wenn der Frachtführer gegenüber allen Absendern oder alle diese ihm gegenüber zurücktreten, und deshalb soll es für diesen Fall bei einem Drittel Fautfracht verbleiben. Erfolgt der Rücktritt aber nur von oder gegenüber einigen der Absender, so muß der Frachtführer mit Rücksicht auf die übrigen die Reise doch ausführen und erlangt daher nicht die obigen Vortheile. Die Fautfracht ist deshalb, und zwar um Streitigkeiten abzuschneiden (gegen Art. 588 Z. 1 H.G.B.) auf eine feste Quote, nämlich auf die halbe Fracht ohne Abzug etwaigen Frachtverdienstes durch anderweit beschaffte Ladung bestimmt. (Begr. S. 74.)

[5]) Das Recht, die Wiederausladung von Gütern zu verlangen, ist beschränkter als nach den §§ 36, 37 bei der Verfrachtung des ganzen Schiffes. Nur wenn sämmtliche Absender der Theilladungen die Wiederausladung verlangen, liegt der Fall ebenso. Wenn aber nur einer oder mehrere der Absender die Ausladung ihrer Güter verlangen, so braucht der Frachtführer dem Verlangen

nicht Folge zu leisten, wenn dadurch eine Verzögerung der Reise herbeigeführt oder eine Umladung oder Umstauung nöthig gemacht würde, es sei denn, daß jene Absender die Genehmigung der übrigen in zweifelsfreier Weise beibringen und das Schiff durch die Wiederausladung nicht gefährdet wird. Leistet der Frachtführer dem Verlangen Folge, so sind ihm die durch die Wiederausladung entstehenden Kosten und Schäden zu ersetzen.

§. 39.

Hat der Frachtvertrag Stückgüter im Gewichte von weniger als 10 000 Kilogramm zum Gegenstande, so muß der Absender auf die Aufforderung des Frachtführers ohne Verzug die Lieferung bewirken.

Erfolgt die Lieferung nicht unverzüglich, so ist der Frachtführer nicht verpflichtet, auf die Lieferung der Güter zu warten, und kann, wenn er ohne dieselben die Reise antritt, die Hälfte der bedungenen Fracht als Entschädigung beanspruchen.

Der Frachtführer, welcher den bezeichneten Anspruch auf die Fracht gegen den säumigen Absender geltend machen will, ist bei Verlust des Anspruchs verpflichtet, dies dem Absender vor Antritt der Reise kundzugeben. Auf diese Erklärung findet die Vorschrift im §. 28 Absatz 3 Anwendung.[1])

Das Rücktrittsrecht des Absenders, sowie das Recht desselben, die Wiederausladung der Güter zu verlangen, bestimmt sich nach den Vorschriften des §. 38.[2])

Zu § 39.

[1]) Sind Stückgüter unter 10000 Kilogramm an Gewicht verfrachtet, so hat der Absender auf die Aufforderung des Frachtführers „ohne Verzug" zu liefern; ist er mit der Lieferung säumig, so braucht der Frachtführer nicht zu warten und kann die halbe Fracht als Fautfracht fordern ohne Abzug des durch anderweite Ladung etwa beschafften Verdienstes, muß aber bei Verlust des Rechts vor Antritt der Reise seinen Anspruch dem Absender kundgeben und kann hierüber auf dessen Kosten Protest erheben lassen.

[2]) Hinsichtlich des Rücktrittsrechts und des Rechts, die Wiederausladung von Gütern zu verlangen, gilt für Stückgüter unter 10000 Kilogramm dasselbe wie für Stückgüter mit größerem Gewicht (§ 38).

§. 40.

In den Fällen der §§. 38 und 39 hat der Frachtführer an einem der ortsüblichen Ladeplätze anzulegen. Ist durch Vereinbarung dem Absender das Recht zur Anweisung des Ladeplatzes eingeräumt, so finden die Bestimmungen des §. 27 Absatz 2 und 3 entsprechende Anwendung.[1])

Zu § 40.

[1]) Bei der Theil- und Stückgüterverfrachtung hat der Frachtführer an einem der ortsüblichen Ladeplätze anzulegen; wenn aber dem einen oder anderen der Absender das Recht der Anweisung des Ladeplatzes vertraglich eingeräumt ist, dann finden die Abs. 2 und 3 des § 29 entsprechende Anwendung.

§. 41.

In Ermangelung einer besonderen Vereinbarung hat der Absender gepackte Güter auf das Schiff, lose Güter in das Schiff zu liefern, der Frachtführer dagegen die weitere Verladung der Güter zu bewirken.[1])

Zu § 41.

[1]) Abweichend von Art. 562 H.G.B. bestimmt der § 41, daß in Ermangelung einer anderweiten Abrede der Absender gepackte Güter auf das Schiff, lose in das Schiff d. h. auf den Schiffsboden oder in den sonst für sie bestimmten Raum zu liefern hat. Bei Schiffen ohne Verdeck erfolgt die Lieferung immer in das Schiff. Die Kosten für das Anrollen sowie für das Ueberführen in Schuten, Prahmen und ähnlichen Fahrzeugen nach dem Schiffe hat immer der Absender zu tragen, und den Frachtführer zu entschädigen, wenn dieser Arbeiten leistet, die an sich dem Absender obliegen. — Für die gehörige Stauung der Güter zu sorgen, ist dem Schiffer im § 8 Abs. 2 auferlegt.

§. 42.

Der Frachtführer hat die ihm hinsichtlich der Beladung obliegenden Arbeiten mit thunlichster Beschleunigung auszuführen. Zur Uebernahme der Güter an Sonntagen und allgemeinen Feiertagen ist er nicht verpflichtet, es sei denn, daß ein Nothfall vorliegt.[1])

Ist über die Zeit, binnen welcher der Frachtführer den Transport bewirken soll, im Frachtvertrage nichts bedungen, so ist die Reise binnen einer den Umständen des Falles angemessenen Frist anzutreten.[2])

Zu § 42.

[1]) Die schuldige Sorgfalt verpflichtet den Frachtführer, die Beladung thunlichst schnell auszuführen, ob auch zur Nachtzeit ist nicht bestimmt, doch können die Umstände des Falles ihn auch hierzu verpflichten (Begr. S. 76). An Sonntagen und allgemeinen Feiertagen braucht der Frachtführer nur im Nothfalle die Beladung vorzunehmen, d. h. wenn die eigenthümlichen Verhältnisse der Schiffahrt (plötzlicher Wechsel des Wasserstandes, Eisgefahr u. dgl.) oder solche kommerzieller Art (drohender Verderb der Güter u. dgl.) es erfordern. (Komm.Ber. S. 11). — Dagegen ist im Gesetze nicht entschieden, ob der Frachtführer auch zur Uebernahme etwas größerer Gütermengen, als im Vertrage vorgesehen, verpflichtet ist, wenn er die Verladung ohne außerordentliche Aufwendungen innerhalb der Ladezeit bewirken kann (Begr. S. 66).

[2]) Der zweite Absatz ist ein Zusatz der Kommission und will über die Zeit des Antritts der Reise Bestimmung treffen, wenn die Transportfrist im Frachtvertrage nicht besonders bestimmt ist. (Komm.Ber. S. 11).

§. 43.

Der Frachtführer muß statt der vertragsmäßigen andere von demselben Absender nach dem Ablieferungsorte ihm angebotene Güter annehmen, wenn dadurch seine Lage nicht verschlechtert wird.[1])

Zu § 43.

[1]) **Substitution von Gütern.** Das Gesetz geht, wie Art. 563 Abs. 1 H.G.B., davon aus, daß die Bezeichnung der Güter im Frachtvertrage in der Regel nicht einen wesentlichen Bestandtheil desselben bildet, dem Absender also eine Substitution anderer Güter gestattet sein soll,

wenn dadurch die Lage des Frachtführers nicht verschlechtert wird. Der § 43 ist jedoch nur dispositiv; es kann daher aus dem Vertrage oder den Umständen die Absicht hervorgehen, daß die Bezeichnung der bestimmten Waare keineswegs nur demonstrationis causa erfolgt ist, sondern der Vertrag gerade nur die bestimmt bezeichnete Waare betreffen soll. Eine Erschwerung der Lage des Frachtführers kann z. B. eintreten durch die Beschaffenheit (die höhere Gefährlichkeit, Komm.Ber. S. 23) der substituirten Güter, ihre schwierigere Einladung oder die für dieselben regelmäßig höher zu zahlende Fracht oder die geringere Pfandsicherheit derselben. (Begr. S. 77, Komm.Ber. S. 12.)

§. 44.

Ist die Beförderung mittelst eines bestimmten Schiffes bedungen, so darf der Frachtführer die Güter nicht in ein anderes Schiff verladen oder umladen. Im Falle einer Zuwiderhandlung haftet er für jeden Schaden, in Ansehung dessen er nicht beweist, daß derselbe auch dann entstanden und dem Absender zur Last gefallen sein würde, wenn die Güter nicht in das andere Schiff verladen worden wären. [1])

Ist die Beförderung mittelst eines bestimmten Schiffes nicht bedungen, so darf der Frachtführer in Ermangelung einer entgegenstehenden Vereinbarung bereits verladene Güter nicht ohne Erlaubniß des Absenders in ein anderes Schiff umladen, widrigenfalls er für allen, in Folge der Umladung entstehenden Schaden haftet. [2])

Auf die Umladung in ein anderes Schiff, welche in Fällen der Noth oder wegen niedrigen Wasserstandes erforderlich wird, sowie auf die übliche Umladung in Leichterschiffe an Hafenplätzen finden die vorstehenden Bestimmungen keine Anwendung.[3])

Zu § 44.

[1]) **Substitution eines Schiffs.** Ist die Beförderung in einem bestimmten Schiffe bedungen, so ist es selbstverständlich, daß der Frachtführer die Güter nicht in ein anderes Schiff verladen oder umladen darf, widrigenfalls er (entsprechend Art. 566 H.G.B.) für jeden eintretenden Schaden haften muß, hinsichtlich dessen er nicht beweist, daß der Schaden auch in dem bestimmten Schiffe eingetreten und dem Absender zur Last gefallen wäre, mit anderen Worten: daß die Verladung in ein anderes Schiff dem Absender unschädlich war. Dies wird z. B. nicht der Fall sein, wenn dieser seine Güter nur für die Verladung in das bestimmte Schiff versichert hat.

[2]) Ist nicht ein bestimmtes Schiff oder ein Schiff nur nach Gattung oder Klasse für die Verladung bedungen, so hört das Wahlrecht des Frachtführers doch mit Verladung in ein Schiff auf, und er kann — falls nichts Anderes vereinbart — sie nicht in ein anderes Schiff einladen, widrigenfalls er für allen in Folge der Umladung entstehenden Schaden haftet. Ein solcher kann z. B. durch Beschädigung der Güter oder Minderung derselben oder Rückwirkung auf die Rechte des Absenders gegen den Versicherer eintreten. Den Beweis, daß der Schade ohne die Umladung nicht eingetreten wäre, hat der Absender in diesem Falle zu führen, wenn der Frachtführer nicht schon aus anderen Gründen für ihn zu haften hat (Begr. S. 78).

b. Genehmigt der Absender die Umladung, so treten die vorstehenden Folgen selbstverständlich nicht ein. Diese

Genehmigung kann im Voraus ausdrücklich gegeben oder nach den Umständen mit Rücksicht auf die an dem Orte der Verladung bestehende Uebung als ertheilt angesehen werden (Begr. S. 78).

[3]) Die beiden ersten Absätze dieses Paragraphen finden keine Anwendung, wenn die Substitution eines anderen Schiffes in Fällen der Noth oder wegen niedrigen Wasserstandes erforderlich wird, oder wie die Kommission (Ber. S. 12) mit Rücksicht auf den Schutenverkehr an Hafenplätzen hinzugefügt hat, es sich um die übliche Umladung in Leichterschiffe an Hafenplätzen handelt. Der Abs. 3 dieses Paragraphen deckt sich nur zum Theil mit dem Art. 566 Abs. 2 H.G.B. Ist das Schiff mit Rücksicht auf die schon am Abgangsorte zu übersehenden Wasserverhältnisse zu schwer beladen, so verbleibt es trotzdem bei der im § 8 Abs. 2 u. 4 bestimmten Verantwortlichkeit des Schiffers und des Schiffseigners.

§. 45.

Der Absender, welcher unrichtige Angaben über die verladenen Güter macht oder Güter zur Verladung bringt, deren Ausfuhr oder deren Einfuhr in den Ablieferungsort verboten ist, oder welcher bei der Verladung die gesetzlichen Vorschriften, insbesondere die Polizei-, Steuer- oder Zollgesetze übertritt, wird, sofern ihm dabei ein Verschulden zur Last fällt, nicht blos dem Frachtführer, sondern auch den übrigen Ladungsbetheiligten, den beförderten Personen und der Schiffsbesatzung für den durch seine Handlungsweise veranlaßten Schaden verantwortlich.

Dadurch, daß er mit Genehmigung des Frachtführers gehandelt hat, wird seine Verantwortlichkeit den übrigen Personen gegenüber nicht ausgeschlossen.

Er kann aus der Einziehung der Güter keinen Grund herleiten, die Zahlung der Fracht zu verweigern.

Gefährden die Güter das Schiff oder die übrige Ladung, so ist der Frachtführer befugt, dieselben an das Land zu setzen oder in dringenden Fällen über Bord zu werfen.[1])

Zu § 45.

[1]) a. **Verantwortlichkeit des Absenders.** Der § 45 entspricht im Wesentlichen dem Art. 564 H.G.B. und wird sachlich ergänzt durch den auch für die Binnenschiffahrt geltenden Art. 393 desselben, welcher wie folgt lautet:

> Der Absender ist verpflichtet, bei Gütern, welche vor der Ablieferung an den Empfänger einer zoll- oder steueramtlichen Behandlung unterliegen, den Frachtführer in den Besitz der deshalb erforderlichen Begleitpapiere zu setzen. Er haftet dem Frachtführer, sofern nicht diesem selbst ein Verschulden zur Last fällt, für alle Strafen und Schäden, welche denselben wegen Unrichtigkeit oder Unzulänglichkeit der Begleitpapiere treffen.

Hinsichtlich der Begleitpapiere haftet der Absender also ohne Rücksicht darauf, ob er die Unrichtigkeit oder Unzulänglichkeit verschuldet hat, während er für die Fälle des § 45 nur haftet, sofern ihm dabei ein Verschulden zur Last fällt.

b. Die Vorschrift des Art. 592 H.G.B., daß der Absender innerhalb der Lade- oder Ueberliegezeit alle zur Verschiffung der Güter erforderlichen Papiere zuzustellen hat, ist für die Binnenschiffahrt nicht übernommen, weil hier die Nachsendung unter Umständen möglich und genügend ist (Begr. S. 78).

§. 46.[1])

Ist das Schiff im Ganzen verfrachtet, so hat der Frachtführer nach der Ankunft am Ablieferungsorte das Schiff zur Löschung der Ladung an den ihm von dem Empfänger angewiesenen Platz hinzulegen.

Wenn die Anweisung nicht rechtzeitig erfolgt, oder wenn die Wassertiefe, die Sicherheit des Schiffes oder die örtlichen Verordnungen oder Einrichtungen die Befolgung der ertheilten Anweisung nicht gestatten, so kann der Frachtführer, falls der Empfänger auf die Aufforderung nicht unverzüglich einen geeigneten Löschplatz bezeichnet, an einem der ortsüblichen Löschplätze anlegen. Er hat bei der Wahl des Löschplatzes das Interesse des Empfängers thunlichst zu berücksichtigen.

Die Ablieferung an verschiedenen Orten des Löschplatzes vorzunehmen ist der Frachtführer nur verpflichtet, wenn dies besonders vereinbart ist. Er hat in diesem Falle Anspruch auf Ersatz der entstehenden Mehrkosten. Die Dauer der Löschzeit wird durch die übernommene Verpflichtung nicht berührt.[2])

Zu § 46.

[1]) Die §§ 46—55 handeln von der Löschung der Ladung, und zwar die §§ 46—52 von dem Falle, wenn das Schiff im Ganzen verchartert ist, und die §§ 53—55 von dem Falle, wenn Theil- oder Stückgüterverfrachtung vorliegt.

[2]) a. **Löschplatz.** Der § 46 entspricht dem § 27 über den Ladeplatz und bezieht sich nur auf den Fall, daß das Schiff im Ganzen verfrachtet und nur ein Empfänger

vorhanden ist. Ist die Ladung an verschiedene Personen auszuliefern, so ist der Frachtführer nicht verbunden, an verschiedenen Orten anzulegen, wenn dies nicht besonders vereinbart ist, hat vielmehr dann an einem der ortsüblichen Löschplätze anzulegen (Begr. S. 79).

b. Ist der Empfänger dem Frachtführer nicht bekannt und auch bei einer etwaigen Meldeadresse (§ 71) nicht zu ermitteln, so kann die in Abs. 2 vorgeschriebene Aufforderung nicht erfolgen, und der Frachtführer kann ohne Weiteres an einem der ortsüblichen Löschplätze anlegen.

§. 47.

Sobald der Frachtführer zum Löschen bereit ist, hat er dies dem Empfänger anzuzeigen.

Die Anzeige hat an einem Werktage vor dem Schlusse der ortsüblichen Geschäftsstunden zu erfolgen. Eine später oder an einem Sonntage oder allgemeinen Feiertage erfolgte Anzeige gilt als am nächsten Werktage erfolgt.

Weigert sich der Empfänger, den Zeitpunkt des Empfanges der Anzeige zu bescheinigen, so ist der Frachtführer befugt, eine öffentliche Urkunde darüber auf Kosten des anderen Theiles errichten zu lassen.

Wenn der Empfänger nicht zu ermitteln ist, so muß die Anzeige der Löschbereitschaft durch öffentliche Bekanntmachung in ortsüblicher Weise erfolgen.[1])

Zu § 47.

[1]) **Anzeige der Löschbereitschaft.** Der § 47 Abs. 1—3 entspricht dem § 28 über die Ladebereitschaft mit der Maßgabe, daß im § 47 nur gesagt ist, der Fracht-

führer könne, wenn der Empfänger sich weigert, den Tag der erhaltenen Anzeige zu bescheinigen, eine öffentliche Urkunde darüber auf Kosten des anderen Theils errichten lassen. Hierunter ist der Empfänger verstanden, wenn er die Güter annimmt, und der Absender, wenn jener die Güter anzunehmen ablehnt, vorbehaltlich seines Rückgriffs an ihn aus dem zwischen ihnen etwa bestehenden Lieferungsvertrage (Begr. S. 79, Komm.Ber. S. 12).

§. 48.

Mit dem auf die Anzeige der Löschbereitschaft folgenden Tage beginnt die Löschzeit.

Die Dauer der Löschzeit bestimmt sich nach der auf die Ladezeit bezüglichen Vorschrift im §. 29 Absatz 2.

Bei der Berechnung kommen auch diejenigen Tage in Ansatz, an welchen der Empfänger, wenngleich ohne sein Verschulden, die Ladung abzunehmen verhindert ist. Nicht in Ansatz kommen die Sonntage und allgemeinen Feiertage, sowie die Tage, an welchen durch zufällige Umstände, insbesondere durch Hochwasser oder Eisgefahr die Löschung nicht nur der verladenen, sondern jeder Art von Gütern verhindert ist.

Die Vorschrift im Absatz 2 findet nur insoweit Anwendung, als nicht durch Vereinbarung oder Verordnung der höheren Verwaltungsbehörde ein Anderes bestimmt ist.[1])

Zu § 48.

[1]) **Löschzeit.** Der § 48 entspricht dem § 29 über die Ladezeit.

§. 49.

Wenn der Empfänger die Ladung nicht bis zum Ablaufe der Löschzeit abnimmt, so gebührt dem Frachtführer Liegegeld für jeden Tag, um welchen in Folge dessen die Löschzeit überschritten wird. Die Höhe des Liegegeldes bestimmt sich nach §. 32.

Außer dem Liegegelde kann der Frachtführer auch den Ersatz eines höheren Schadens verlangen, welcher ihm durch die Ueberschreitung der Löschzeit erwächst. [1])

Zu § 49.

[1]) **Liegegeld.** Der § 49 entspricht dem § 30 über das für Ueberschreitung der Ladezeit zu zahlende, im § 32 seiner Höhe nach bestimmte Liegegeld. Abweichend vom § 30, aber gemäß Art. 603 H.G.B. ist dem Frachtführer jedoch außer dem Liegegelde auch der Ersatz eines etwa ihm durch Ueberschreitung der Löschzeit erwachsenen Schadens gewährt, weil er bei Verzögerung der Löschung nicht, wie bei gänzlicher oder theilweiser Versäumung der Beladung, vom Vertrage zurücktreten oder abfahren, sondern nur selbst löschen kann.

§. 50.

Die Bestimmung des §. 49 Absatz 1 gilt auch dann, wenn bedungen ist, daß der Frachtführer nach Ablauf der Löschzeit noch weiter auf die Abnahme der Ladung warten soll (Ueberliegezeit). Der Ersatz eines das Liegegeld überschreitenden Schadens kann in diesem Falle nur wegen Ueberschreitung der Ueberliegezeit verlangt werden.

Die Ueberliegezeit beginnt mit dem Ablaufe der Löschzeit. Auf die Dauer und die Berechnung derselben finden die Bestimmungen im §. 29 Absatz 2 und §. 48 Absatz 3 und 4 mit der Maßgabe Anwendung, daß die Ueberliegezeit in Ermangelung einer besonderen Vereinbarung höchstens eine Woche beträgt.[1])

Zu § 50.

[1]) **Ueberliegezeit.** Der § 50 entspricht dem § 31 für die Ueberliegezeit bei der Ladung ohne den im § 49 Abs. 2 enthaltenen Zusatz, da bei bedungener Ueberliegezeit selbstverständlich ein das Liegegeld überschreitender Schadensersatz erst bei Ueberschreitung der bedungenen Frist gefordert werden kann.

§. 51.

Nach Ablauf der Löschzeit oder der etwa vereinbarten Ueberliegezeit ist der Frachtführer nicht verpflichtet, auf die Löschung noch länger zu warten. Er muß jedoch seinen Willen, nicht länger zu warten,

bei Ladungen bis zu 10 000 Kilogramm spätestens einen Werktag,

bei Ladungen bis zu 50 000 Kilogramm spätestens zwei Werktage,

bei Ladungen über 50 000 Kilogramm spätestens drei Werktage

vor Ablauf der Löschzeit oder der Ueberliegezeit dem Empfänger erklären. Ist dies nicht geschehen, so läuft die Wartezeit nicht eher ab, als bis die Erklärung nachgeholt ist und seit dem Tage, an dem sie erfolgt ist, die vorstehend bezeichneten Fristen verstrichen sind. Auf die Erklärung finden die Bestimmungen im §. 47 Absatz 2, 3 entsprechende Anwendung.

Die Wartezeit läuft in keinem Falle ab, bevor eine der Löschzeit gleichkommende Frist seit dem Tage, an welchem das Schiff den Löschplatz erreicht hat, verstrichen ist.[1])

Zu § 51.

[1]) **Wartezeit.** Der § 51 entspricht dem § 33 über die Wartezeit bei der Beladung, abweichend vom Art. 602 H.G.B., welcher eine Wartezeit bei der Löschung nicht vorschreibt (Begr. S. 80).

§. 52.

Nach Ablauf der Wartezeit ist der Frachtführer berechtigt, die Löschung selbst vorzunehmen und die Güter in einem öffentlichen Lagerhause oder in anderer sicherer Weise niederzulegen.[1])

Verweigert der Empfänger die Annahme oder ist er nicht zu ermitteln, so hat der Frachtführer den Absender hiervon zu benachrichtigen und dessen Anweisung einzuholen. Ist dies den Umständen nach nicht thunlich oder der Absender mit der Ertheilung der Anweisung säumig oder diese nicht ausführbar, so kann der Frachtführer nach der Bestimmung im Absatz 1 verfahren, auch wenn die Wartezeit noch nicht abgelaufen ist.[2])

Von der Niederlegung hat der Frachtführer den Absender und den Empfänger unverzüglich zu benachrichtigen. Ist der Empfänger nicht zu ermitteln, so hat die Benachrichtigung durch öffentliche Bekanntmachung in ortsüblicher Weise zu erfolgen.[3])

Zu § 52.

[1]) **Niederlegung.** Der Abs. 1 des § 52 giebt dem Frachtführer nach Ablauf der Wartezeit im Wesentlichen, entsprechend Art. 602 Abs. 1 H.G.B., das Recht der Selbsthülfe zur Befreiung von den Gütern durch deren Niederlegung in einem öffentlichen Lagerhause oder in anderer sicherer Weise.

[2]) Der Abs. 2 verpflichtet jedoch den Frachtführer, wenn der Empfänger die Annahme der Güter verweigert oder nicht zu ermitteln ist, vor der Niederlegung den Absender hiervon zu benachrichtigen und seine Anweisung einzuholen. Nur wenn dies nach den Umständen unthunlich oder der Absender mit der Anweisung säumig oder diese unausführbar ist, tritt das im Abs. 1 bestimmte Recht des Frachtführers ein, auch wenn die Wartezeit noch nicht abgelaufen ist (Komm. Ber. S. 12). Eine Pflicht zur Niederlegung, welche der Entwurf des Gesetzes (Begr. S. 80) entsprechend Art. 602 Abs. 2 H.G.B. für den Fall vorschreiben wollte, wenn der Empfänger die Abnahme verweigert oder bis zum Ablauf der Löschzeit nicht zu ermitteln ist, hat das Gesetz nicht anerkannt.

[3]) Der Abs. 3 verpflichtet den Frachtführer, wenn er von seinem Depositionsrechte Gebrauch macht, den Absender und den Empfänger davon unverzüglich zu benachrichtigen, damit sie das Weitere vorkehren.

§. 53.[1])

Die §§. 47 bis 52 kommen auch dann zur Anwendung, wenn ein verhältnißmäßiger Theil oder ein bestimmt bezeichneter Raum des Schiffes verfrachtet ist oder der Frachtvertrag Stückgüter im Gewichte von 10 000 Kilogramm oder mehr zum Gegenstande hat.

Die Löschzeit beträgt für den einzelnen Empfänger bei einer von ihm abzunehmenden Ladung

bis zu 50 000 Kilogramm einen Tag,
" " 100 000 " zwei Tage

und so fort in Stufen von 50 000 Kilogramm je einen Tag mehr für jede höhere Stufe bis zu Ladungen von 500 000 Kilogramm; von da ab steigt die Löschzeit für je 100 000 Kilogramm um je einen Tag; bei Ladungen über 1 000 000 Kilogramm beträgt die Löschzeit sechszehn Tage. Eine Verpflichtung zur Entrichtung von Liegegeld oder zum Schadensersatze (§. 49) tritt jedoch in keinem Falle vor Ablauf von drei Tagen seit dem Zeitpunkte ein, mit welchem die Löschzeit einem der Empfänger gegenüber zuerst zu laufen begonnen hat. Der Frachtführer ist indeß nicht berechtigt, von mehreren Empfängern gleichzeitig für denselben Tag das Liegegeld mehrfach zu beanspruchen.[2])

Zu § 53.

[1]) Die §§ 53, 54 handeln von dem Falle der Theil- und Stückgüterverfrachtung.

[2]) Der § 53 entspricht dem § 38 Ziff. 1 über die Ladezeit in den dort näher bezeichneten Fällen.

§. 54.

Hat der Frachtvertrag Stückgüter im Gewichte von weniger als 10 000 Kilogramm zum Gegenstande, so muß der Empfänger auf die Aufforderung des Frachtführers ohne Verzug die Abnahme bewirken.

Hinsichtlich der Aufforderung findet §. 47 Absatz 4 und hinsichtlich der Niederlegung des Gutes §. 52 entsprechende Anwendung.

Für die Tage, um welche durch die Säumniß des Empfängers oder durch das Niederlegungsverfahren die Frist, binnen welcher das Schiff würde entlöscht worden sein, überschritten ist, hat der Frachtführer Anspruch auf Liegegeld unbeschadet des Rechts, einen höheren Schaden geltend zu machen.[1])

Zu § 54.

[1]) Der § 54 entspricht dem § 39 Abs. 1 über die Ladezeit bei Stückgütern unter 10 000 Kilogramm Gewicht.

§. 55.

Ist in den Fällen der §§. 53 und 54 nach der getroffenen Vereinbarung dem Empfänger das Recht zur Anweisung des Löschplatzes eingeräumt, so finden die Bestimmungen im §. 46 Absatz 2 und 3 Anwendung.[1])

Zu § 55.

[1]) Der § 55 schließt sich den Bestimmungen des § 46 Abs. 2 u. 3 über die Löschung, wenn das Schiff im Ganzen verchartert ist, an.

§. 56.

Sofern nicht durch Vereinbarung ein Anderes bestimmt ist, hat der Empfänger gepackte Güter auf dem Schiffe, lose Güter in dem Schiffe abzunehmen und die weitere Entladung zu bewirken.

Unter der gleichen Voraussetzung ist in den Fällen der §§. 46 und 55 auf Verlangen des Empfängers der Frachtführer gegen Ersatz der Mehrkosten verpflichtet, die Ablieferung an verschiedenen Löschplätzen des Ablieferungsortes vorzunehmen. Die Dauer der Löschzeit wird hierdurch nicht berührt.

Die Bestimmungen des §. 42 finden entsprechende Anwendung. [1])

Zu § 56.

[1]) Der § 56 Abs. 1 u. 3 entspricht dem § 41 Abs. 1 und § 42 über die Verladung, während der § 56 Abs. 2 dem § 27 Abs. 3 über die Verladung an mehreren Ladeplätzen korrespondirt.

§. 57.

Wenn zur Erleichterung des Schiffes die Ladung ganz oder theilweise in Leichterfahrzeuge übergeladen worden ist, so hat der Frachtführer dem Leichterschiffer eine Abschrift des Frachtbriefes oder Ladescheines sowie eine Bescheinigung über die Ladung, die der Leichterschiffer übernommen hat, zu behändigen.

Die Dauer der Löschzeit wird dadurch, daß die Ladung ganz oder theilweise in Leichterfahrzeuge übergeladen worden ist, nicht verändert, vielmehr theilen sich Hauptschiff und Leichterfahrzeug in dieselbe nach dem Verhältnisse der in dem Hauptschiffe verbliebenen und der in das Leichterfahrzeug überschlagenen Ladung.

Ergeben sich bei der Berechnung Bruchtheile, so wird bis einhalb nach unten, über einhalb nach oben abgerundet. Hat ein Leichterschiff Ladung von verschiedenen Hauptschiffen übernommen, so berechnet sich die Löschfrist selbständig für jede einzelne Ladung nach Maßgabe vorstehender Grundsätze.

Der Empfänger hat nach der Reihenfolge der Anzeigen der Löschbereitschaft die Löschung vorzunehmen, ist aber nicht verpflichtet, Hauptschiff und Leichterschiff gleichzeitig zu löschen.

Das von dem Empfänger bei Ueberschreitung der Löschzeit zu zahlende Liegegeld berechnet sich nach der Tragfähigkeit desjenigen Schiffes, bei dem die Löschzeit überschritten ist. [1])

Zu § 57.

[1]) Der § 57 ist in der Kommission des Reichstags entstanden (Ber. S. 24), um die Verhältnisse bei der zur Erleichterung des Schiffes stattfindenden Ueberladung in Leichterfahrzeuge zu regeln.

§. 58. [1])

Der Frachtführer haftet für den Schaden, welcher seit der Empfangnahme bis zur Ablieferung durch Verlust oder Beschädigung des Frachtgutes entstanden ist, sofern er nicht beweist, daß der Verlust oder die Beschädigung durch Umstände herbeigeführt ist, welche durch die Sorgfalt eines ordentlichen Frachtführers nicht abgewendet werden konnten.

Die Haftung des Frachtführers ist insbesondere ausgeschlossen, wenn der Verlust oder die Beschädigung aus einem mangelhaften Zustande des Schiffes nebst Zubehör oder der Lade- oder Löschgeräthschaften entstanden ist, welcher trotz der Sorgfalt eines ordentlichen Frachtführers nicht zu entdecken war.

Die Berechnung des zu leistenden Schadensersatzes bestimmt sich nach Artikel 396 des Handelsgesetzbuchs.

Für Kostbarkeiten, Gelder und Werthpapiere haftet der Frachtführer nur dann, wenn ihm diese Beschaffenheit oder der Werth des Gutes angegeben ist.[2])

Zu § 58.

[1]) a. Die §§ 58—59 befassen sich mit der Haftung des Frachtführers für Verlust oder Beschädigung des Gutes während seiner custodia. Daneben bleiben nach § 26 die Art. 394 Abs. 1, 397, 398, 399, 401 H.G.B. über die Haftung für schuldhafte Verzögerung des Reiseantritts, für verspätete Ablieferung der Güter und über die Haftung mehrerer auf einander folgender Frachtführer bei durchgehenden Transporten in Kraft. Der Art. 400 H.G.B. behält insoweit seine Bedeutung neben § 3, als es sich um die Haftung des Frachtführers für die Handlungen seines Personals handelt, wenn dieses nicht zur Schiffsbesatzung gehört (Begr. S. 85).

b. Die Ansprüche gegen den Frachtführer wegen Verlustes, Beschädigung oder verspäteter Ablieferung von Frachtgütern verjähren nach Art. 408 Abs. 3, Art. 386 H.G.B. nach einem Jahre, und zwar wegen gänzlichen Verlustes mit dem Ablauf des Tages, an welchem die Ablieferung hätte bewirkt werden müssen, und wegen Verminderung, Beschädigung oder verspäteter Ablieferung mit dem Ablaufe des Tages, an welchem die Ablieferung geschehen ist.

[2]) a. Der § 58 ist abweichend vom § 57 des Gesetzentwurfs (Begr. S. 86), in der Kommission (Ber. S. 13) entstanden, und beseitigt für die Binnenschiffahrt die Bestimmung des Art. 395 Abs. 1 H.G.B., welche auch für die Seefracht (Art. 607 H.G.B.) gilt. Im § 58 ist dem Frachtführer zu seiner Entschuldigung nicht mehr der Beweis auferlegt, daß der Verlust oder die Beschädigung durch höhere Gewalt oder durch die natürliche Beschaffenheit des Guts, namentlich durch inneren Verderb, Schwinden, gewöhnliche Leckage u. dgl., oder durch äußerlich nicht erkennbare Mängel der Verpackung entstanden ist, sondern nur der Beweis, daß der Verlust oder die Beschädigung durch Umstände herbeigeführt ist, welche durch die Sorgfalt eines ordentlichen Frachtführers nicht abgewendet werden konnten. Der Abs. 2 exemplifizirt nur (wie das Wort insbesondere ergiebt und zwar im Anschluß an Art. 607 Abs. 2 H.G.B.) auf den Fall, wenn trotz Anwendung der diligentia eines ordentlichen Frachtführers der schadenbringende mangelhafte Zustand des Schiffes nebst Zubehör oder der Lade- oder Löschgeräthschaften von dem Frachtführer nicht zu entdecken war. Der Art. 395 Abs. 2 H.G.B. ist als Abs. 4 dieses Paragraphen wörtlich beibehalten und im Abs. 3 ist hinsichtlich der Schadensberechnung auf Art. 396 H.G.B. verwiesen, welcher bestimmt:

Wenn auf Grund des vorhergehenden Artikels von dem Frachtführer für Verlust oder Beschädigung des Guts Ersatz geleistet werden muß, so ist der Berechnung des Schadens nur der gemeine Handelswerth des Guts zu Grunde zu legen.

Im Falle des Verlustes ist der gemeine Handelswerth zu ersetzen, welchen Gut derselben Art und Beschaffenheit am Ort der Ablieferung zu der Zeit hatte, in welcher das Gut abzuliefern war; davon kommt in Abzug, was in Folge des Verlustes an Zöllen und Unkosten erspart ist.

b. Der § 58 enthält nicht zwingendes Recht, kann also durch Vereinbarung abgeändert werden (Begr. S. 83).

§. 59.

Der Frachtführer haftet nicht:

1. in Ansehung der Güter, welche nach Vereinbarung mit dem Absender auf Deck verladen oder in Schiffen ohne Verdeck befördert werden,
   für den Schaden, welcher aus der mit dieser Beförderungsweise verbundenen Gefahr entstanden ist;
2. in Ansehung der Güter, welche, obgleich ihre Natur eine Verpackung zum Schutze gegen Verlust oder Beschädigung auf dem Transport erfordert, nach Inhalt des Frachtbriefes oder Ladescheines unverpackt oder mit mangelhafter Verpackung aufgegeben sind,
   für den Schaden, welcher aus der mit dem Mangel oder der mangelhaften Beschaffenheit der Verpackung verbundenen Gefahr entstanden ist;
3. in Ansehung der Güter, deren Verladung und Ausladung von dem Absender oder Empfänger besorgt wird,
   für den Schaden, welcher aus der mit dem Verladen und Ausladen oder mit einer mangel-

haften Verladung verbundenen Gefahr entstanden ist;

4. in Ansehung der Güter, welche vermöge ihrer eigenthümlichen natürlichen Beschaffenheit der besonderen Gefahr ausgesetzt sind, Verlust oder Beschädigung, namentlich Bruch, Rost, inneren Verderb, außergewöhnliche Leckage, Austrocknung und Verstreuung zu erleiden,

   für den Schaden, welcher aus dieser Gefahr entstanden ist;

5. in Ansehung lebender Thiere,

   für den Schaden, welcher aus der mit der Beförderung dieser Thiere für dieselben verbundenen besonderen Gefahr entstanden ist.

Ist ein Schaden eingetreten, welcher nach den Umständen des Falles aus einer der bezeichneten Gefahren entstehen konnte, so wird bis zum Beweise des Gegentheils vermuthet, daß der Schaden aus der betreffenden Gefahr entstanden ist.

Eine Befreiung von der Haftpflicht kann auf Grund der vorstehenden Bestimmungen nicht geltend gemacht werden, wenn nachgewiesen wird, daß der Schaden durch Verschulden des Frachtführers oder seiner Leute entstanden ist.[1])

Zu § 59.

[1]) Der § 59, welcher wie der vorhergehende nur dispositives Recht enthält, schließt sich dem Art. 424 Ziff. 1—5 H.G.B. an mit den aus der anderweiten Transportart sich ergebenden Abänderungen. Seine hauptsächliche Be-

deutung liegt in der durch Abs. 2 aufgestellten Vermuthung, welche durch den Nachweis, daß der Schaden nicht durch die bezeichnete Gefahr entstanden ist, sondern in irgend einem anderen Umstande seine Ursache hat, widerlegt werden kann (Begr. S. 85).

§. 60.

Die Centralbehörden der Bundesstaaten und bei den die Gebiete mehrerer Bundesstaaten berührenden Wasserstraßen der Bundesrath sind befugt, für gewisse Güter zu bestimmen, daß für ein Mindergewicht oder ein Mindermaß, das einhalb vom Hundert nicht übersteigt, der Frachtführer nicht verantwortlich sein soll, es sei denn, daß ihm nachweisbar ein Verschulden zur Last fällt.

Sind lose geladene Güter von gleichartiger Beschaffenheit für verschiedene Empfänger an Bord, ohne daß die einzelnen Partien durch dichte Wände getrennt lagern, so ist das Mindergewicht oder Mindermaß und ebenso ein etwaiges Uebergewicht oder Uebermaß unter die einzelnen Empfänger nach dem Verhältnisse der für sie bestimmten Mengen zu vertheilen. [1])

Zu § 60.

[1]) **Franchise.** Der § 60 ist in der Kommission des Reichstags (Ber. S. 14, 24) entstanden, und in der Plenarsitzung vom 29. April 1895 gegen einen Streichungsantrag vertheidigt, welcher namentlich dessen Entbehrlichkeit wegen § 59 Ziff. 4 behauptete. Die endgiltige Fassung ist in der Plenarsitzung vom 4. Mai 1895 erfolgt. Er gründet sich auf die Erfahrung, daß bei gewissen Gütern

in Folge der Witterungs- und Lagerungsverhältnisse und sonstiger Umstände das Maß oder Gewicht der eingeladenen Güter nicht mit dem der ausgeladenen ganz gleich zu sein pflegt. Bei nachweisbarem Verschulden des Frachtführers bleibt er selbstverständlich für die Differenz haftbar. Der Abs. 2 des § 60 soll den Ausgleich zwischen mehreren Empfängern von Gütern aus demselben Schiffe erleichtern.

§. 61.

Nach der Abnahme des Gutes durch den Empfangsberechtigten können wegen theilweisen Verlustes oder wegen Beschädigung, welche äußerlich erkennbar waren, Ansprüche nur geltend gemacht werden, wenn vor der Abnahme der Zustand des Gutes durch gerichtlich ernannte Sachverständige festgestellt ist. [1])

Wegen Verlustes oder Beschädigung, welche bei der Abnahme des Gutes äußerlich nicht erkennbar waren, kann der Frachtführer auch später in Anspruch genommen werden, wenn die Feststellung des Verlustes oder der Beschädigung ohne Verzug nach der Entdeckung und spätestens innerhalb einer Woche nach der Abnahme nachgesucht worden ist und bewiesen wird, daß der Verlust oder die Beschädigung während der Zeit seit der Uebernahme bis zur Ablieferung entstanden ist. [2])

Die Kosten einer von dem Empfangsberechtigten beantragten Feststellung sind vom dem Frachtführer zu tragen, wenn ein Verlust oder eine Beschädigung ermittelt wird, für welche derselbe Ersatz leisten muß. [3])

Der Frachtführer kann sich auf die Bestimmungen in Absatz 1 und 2 nicht berufen, wenn der Verlust oder die Beschädigung durch bösliche Handlungsweise einer Person der Schiffsbesatzung verursacht ist.[4])

Zu § 61.

[1]) a. Der Abs. 1 des Art. 408 H.G.B.: „Durch Annahme des Guts und Bezahlung der Fracht erlischt jeder Anspruch gegen den Frachtführer" ist durch § 26 des G. aufrechterhalten. Dagegen ist der Abs. 2 des ersteren über die nach der Abnahme des Guts noch zulässigen Ansprüche gegen den Frachtführer wegen Beschädigung oder theilweisen Verlustes der Frachtgüter geändert. Ohne Rücksicht darauf, ob die Fracht bezahlt ist oder nicht, werden Ansprüche wegen theilweisen Verlustes oder Beschädigung, welche äußerlich erkennbar waren, nach der Abnahme des Guts noch zugelassen, wenn der Zustand des Guts vor der Abnahme durch gerichtlich ernannte Sachverständige festgestellt ist. Ein bloßer einseitiger Vorbehalt der Rechte seitens des Empfängers bei der Abnahme ist wirkungslos, dagegen zur Erhaltung der Ansprüche genügend, wenn der Frachtführer sich damit einverstanden erklärt, weil der § 61 überhaupt nicht zwingendes Recht enthält. Erkennt der Frachtführer die gerügten Mängel als vorhanden an, so bedarf es der Feststellung derselben durch Sachverständige nicht (Begr. S. 88). Ansprüche wegen Verlustes oder Beschädigung, welche bei der Abnahme äußerlich nicht erkennbar waren, können nur dann wirksam erhoben werden, wenn die Feststellung ohne Verzug nach der Entdeckung, spätestens eine Woche nach der Abnahme nachgesucht ist, und bewiesen wird, daß der Verlust oder die Beschädigung seit der Uebernahme bis zur Ablieferung entstanden ist.

b. Da der § 61 sich nur auf Ersatzansprüche wegen Beschädigung oder theilweisen Verlustes der Frachtgüter bezieht, so bleibt in anderen Beziehungen der Art. 408

H.G.B. unberührt, insbesondere hinsichtlich der Ansprüche wegen verspäteter Ablieferung der Güter oder wegen einer in anderer Richtung mangelhaften Erfüllung der dem Frachtführer obliegenden Verbindlichkeiten. Solche Ansprüche sind daher erst ausgeschlossen, wenn nicht nur das Frachtgut abgenommen, sondern auch die Fracht bezahlt ist (Begr. S. 88).

c. Der § 59 des Gesetzentwurfs hatte im ersten Absatze gesagt: wenn vor der Abnahme der Zustand des Gutes durch Sachverständige nach Maßgabe des Art. 407 H.G.B. festgestellt ist. Die Kommission (Ber. S. 15) beschloß zur Vereinfachung die Sachverständigen als gerichtlich ernannte vorzuschreiben (das heißt zu bezeichnen). Es kommt daher der Art. 407 (abgedruckt zu § 26) mit dem § 13 Abs. 4 Einf.G. zur C.P.O. zur Anwendung, welcher lautet: „In den Fällen der Artikel (348, 365,) 407 des Handelsgesetzbuchs ist das im § 448 der Civilprozeßordnung bezeichnete Amtsgericht zuständig; auf die Ernennung, Beeidigung und Vernehmung der Sachverständigen finden die Vorschriften der Civilprozeßordnung in dem achten Titel des ersten Abschnitts des zweiten Buchs entsprechende Anwendung." Hieraus ergiebt sich, daß das Gesuch nur bei dem Amtsgericht anzubringen ist, und zwar bei demjenigen, in dessen Bezirk der in Augenschein zu nehmende Gegenstand sich befindet. Die §§ 447, 449—455 C.P.O. über die Führung des Beweises finden nicht Anwendung, dagegen wohl die §§ 367—379 ibid. über den Beweis durch Sachverständige. Ueber das Ersuchen um Ernennung von Sachverständigen wird nach Art. 407 Abs. 4 H.G.B. die Gegenpartei, wenn sie am Orte anwesend ist, gehört.

²) Der Abs. 2 des § 61 hat für die Anbringung des Gesuchs um Ernennung von Sachverständigen zur Feststellung der bei der Abnahme äußerlich nicht erkennbaren Fehler die kurze Präklusivfrist von einer Woche nach der

Abnahme vorgeschrieben, um die Haftungspflicht des Frachtführers möglichst einzuschränken (Komm.Ber. S. 15).

[3]) Der Abs. 3 des § 61 stimmt sachlich mit Art. 611 Abs. 2 H.G.B. überein.

[4]) Der Abs. 4 bestimmt, daß der Frachtführer sich auf die zu seinen Gunsten getroffenen Bestimmungen der Abs. 1 und 2 nicht berufen kann, wenn der Verlust oder die Beschädigung durch bösliche Handlungsweise einer Person der Schiffsbesatzung (§ 3 Abs. 2) verursacht ist. Unter bösliche Handlungsweise ist ein pflichtwidriges Verfahren trotz des Bewußtseins der damit verbundenen Gefahr und ohne geeignete Vorkehrung zu deren Abwendung verstanden. Der Begriff der böslichen Handlungsweise umfaßt daher nicht nur den dolus (die beabsichtigte Schädigung) sondern auch die luxuria (das pflichtwidrige Handeln mit dem Bewußtsein der daraus entstehenden Gefahr, aber ohne Rücksichtnahme auf dieselbe).

§. 62.

Wenn die Fracht nach Maß, Gewicht oder Menge der Güter bedungen ist, so ist die Angabe in dem Frachtbriefe oder Ladescheine über Maß, Gewicht oder Menge für die Berechnung der Fracht entscheidend. In Ermangelung einer solchen Angabe ist anzunehmen, daß Maß, Gewicht oder Menge der abgelieferten und nicht der übernommenen Güter für die Höhe der Fracht entscheiden soll.[1])

Zu § 62.

[1]) Der § 62 giebt entsprechend den Art. 621, 658 H.G.B. eine Auslegungsregel für den Fall, daß die Fracht zwar nach Maß, Gewicht oder Menge bedungen ist, diese aber im Frachtbrief oder Ladeschein nicht angegeben sind;

es soll dann angenommen werden, daß die Fracht nach Verhältniß der abgelieferten, und nicht der übernommenen Güter zu berechnen ist, gleichviel, ob das Quantum der abgelieferten Güter größer oder geringer als das der übernommenen ist. Ist aber die Fracht nach Maß, Gewicht oder Menge bedungen und im Frachtbrief oder Ladeschein angegeben, dann soll diese Angabe für die Frachtberechnung entscheidend sein. (Begr. S. 89, 100, Komm.Ber. S. 15.) Dies gilt selbstverständlich nur, wenn Frachtbrief oder Ladeschein nicht selbst eine abweichende Bestimmung über die Frachtzahlung enthalten. Als eine solche ist der Zusatz: „Zahl, Maß, Gewicht unbekannt" oder ein gleichbedeutender Zusatz — entsprechend Art. 658 H.G.B. — nicht anzusehen, weil dieser Zusatz einem anderen Zwecke als der Frachtberechnung dient. (Begr. S. 100.)

§. 63.

Für Güter, welche durch einen Unfall verloren gegangen sind, ist die Fracht nach dem Verhältnisse des zur Zeit des Unfalls bereits zurückgelegten Theiles der Reise zur ganzen Reise zu entrichten (Distanzfracht).

Bei Berechnung der Distanzfracht kommt in Anschlag nicht allein das Verhältniß der bereits zurückgelegten Entfernung, sondern auch das Verhältniß des Aufwandes an Kosten, Zeit und Mühen, welche durchschnittlich mit dem vollendeten und dem nicht vollendeten Theile der Reise verbunden sind.[1])

Zu § 63.

[1]) **Distanzfracht.** Der § 61 des Gesetzentwurfs wollte entsprechend dem Art. 618 H.G.B. für Güter, welche durch einen Unfall verloren gegangen sind, dem

Frachtführer keinen Anspruch auf Fracht gewähren und ihn zur Erstattung der etwa vorausgezahlten verpflichten, und zwar wesentlich aus dem Grunde, weil bei einem Werkvertrage die Gefahr für den zufälligen Untergang des unvollendeten Werkes stets von dem Unternehmer insoweit zu tragen ist, als es sich um seinen Vergütungsantrag handelt. (Begr. S. 89.) Die Kommission (Ber. S. 15) beschloß jedoch, dem Frachtführer auch für Güter, welche durch einen Unfall verloren gegangen sind, Distanzfracht zu gewähren, bei deren Berechnung die im Abs. 2 des § 63 angeführten Faktoren (entsprechend Art. 633 H.G.B.) in Anschlag zu bringen sind. Nicht übernommen ist Art. 632 H.G.B., welcher die Distanzfracht im Maximum auf den Werth der geretteten Güter beschränkt.

§. 64.

Für Güter, welche in Folge ihrer natürlichen Beschaffenheit zu Grunde gegangen oder an Gewicht vermindert sind, ist die volle Fracht zu bezahlen. Das Gleiche gilt in Ansehung von Thieren, welche unterwegs gestorben sind.[1])

Zu § 64.

[1]) **Volle Fracht.** Der § 64 gewährt, im Gegensatz zu § 63, entsprechend Art. 619 Abs. 1 H.G.B., dem Frachtführer volle Fracht für Güter, die in Folge ihrer natürlichen Beschaffenheit zu Grunde gegangen oder an Gewicht vermindert sind, und ebenso für transportirte Thiere, welche unterwegs gestorben sind. In diesen Fällen beruht der Verlust der Güter auf deren besonderer Natur, und deshalb ist die Gefahr von den Ladungsbetheiligten zu tragen. (Begr. S. 89.) Selbstverständlich findet der § 63 keine Anwendung auf den Fall, wenn der Frachtführer den Verlust verschuldet hat. (Komm.Ber. S. 16.)

§. 65.

In Ermangelung einer besonderen Vereinbarung fallen die Unkosten der Schiffahrt, insbesondere die Hafen-, Schleusen-, Kanal- und Brückengelder, die Lootsengebühren sowie die im regelmäßigen Verlaufe der Reise aufgewendeten Kosten für Schlepplohn und Ableichterung dem Frachtführer zur Last; dagegen gehören die Ufer-, Krahn- und Wiegegelder, imgleichen die Kosten einer auf Verlangen der Ladungsbetheiligten vorgenommenen Auseisung sowie die besonderen Kosten, welche durch die auf Verlangen der Ladungsbetheiligten bewirkte Uebernahme oder Ablieferung der Güter bei Eis, Sturm, Hochwasser, zur Nachtzeit oder an Sonntagen und allgemeinen Feiertagen entstehen, zu denjenigen Auslagen und Aufwendungen, deren Ersatz der Frachtführer verlangen kann. [1])

Die Fälle der großen Haverei werden durch die vorstehenden Bestimmungen nicht berührt. [2])

Zu § 65.

[1]) a. **Unkosten.** Der § 65 enthält subsidiäre Bestimmungen über die Tragung der Schiffahrtsunkosten, falls hierüber nichts bedungen ist. Der zu Grunde liegende Gedanke ist, daß der Frachtführer die zum Zwecke der Ausführung des übernommenen Transports entstehenden Unkosten zu tragen hat, während besondere Aufwendungen, welche nur im Interesse der Ladung nothwendig sind oder durch Handlungen entstehen, welche auf Verlangen der Ladungsbetheiligten vorgenommen werden, ihm zu erstatten sind. (Begr. S. 90.)

b. Die Grundsätze über die Vertheilung der Kosten der Ladung und Löschung zwischen dem Frachtführer und dem Absender sind in den §§ 41, 56, § 36 Abs. 2 u. § 37 Abs. 2 enthalten. Daß die Kosten, welche zur Erhaltung der Güter in ihrer ursprünglichen Beschaffenheit aufzuwenden waren, dem Frachtführer zu ersetzen sind, folgt aus allgemeinen Rechtsgrundsätzen; dahin gehören auch die Kosten, welche dadurch entstehen, daß die Ausladung und Bearbeitung der Güter im Winterhafen nothwendig wird, um sie vor dem Verderb bei weiterem Verbleib im Schiffe zu hüten. (Begr. S. 91.) Ebenso fallen Aufwendungen für die gesonderte Rettung der Güter aus einer Gefahr nur den Ladungsbetheiligten zur Last.

[2]) Handelt es sich dagegen um die gemeinsame Rettung von Schiff und Ladung aus einer beide zusammen bedrohenden Gefahr, wozu auch einzelne Aufwendungen der im § 65 bezeichneten Art, wie für Schleppung, Leichterung, Auseisung u. dgl. erforderlich werden können, so liegen die Voraussetzungen der großen Haverei vor, und es findet dann nach den für diese geltenden Grundsätzen eine Vertheilung der Kosten auf Schiff und Ladung statt (§§ 78 ff., Begr. S. 91).

§. 66.

Enthält der Frachtbrief oder Ladeschein die Bestimmung, daß der Frachtführer franko abzuliefern hat, so steht dies im Zweifel der Geltendmachung des Pfandrechts des Frachtführers (Artikel 409 des Handelsgesetzbuchs) wegen der Zollgelder sowie wegen der sonstigen Auslagen und der Liegegelder für die Zeit nach dem Antritt der Reise nicht entgegen. [1])

Zu § 66.

[1]) a. Nach den Art. 409 und 412 H.G.B. ist der Frachtführer nicht verpflichtet, das Frachtgut vor der Befriedigung seiner Ansprüche auszuliefern und zur Verweigerung bis dahin veranlaßt, weil er sonst leicht sein Pfandrecht an dem Gute und seinen Rückgriff gegen den Absender und die sonstigen Vormänner verliert. Der § 64 des Gesetzentwurfs wollte für die Binnenschiffahrt den Art. 625 H.G.B. übernehmen, welcher den Verfrachter, falls Streit über seine Forderungen besteht, zur Auslieferung der Güter gegen Hinterlegung der Streitsumme verpflichtet (Begr. S. 91). Die Kommission (Begr. S. 16) strich jedoch die vorgeschlagene Bestimmung, so daß es bei den für den Binnenverkehr zu Lande geltenden Vorschriften des H.G.B. auch für die Binnenschiffahrt verbleibt. Dagegen fügte die Kommission (Ber. S. 25) den gegenwärtigen § 66 hinzu, um bei Lieferungen, welche nach dem Frachtbrief oder Ladeschein franko an den Empfänger erfolgen sollen, bei welchen der Frachtführer also von dem Empfänger keine Fracht fordern kann, dem ersteren doch ein Pfandrecht (Art. 409 H.G.B). wegen der Zollgelder, sowie wegen der sonstigen Auslagen und Liegegelder für die Zeit nach dem Antritt der Reise zu gewähren. Dies soll jedoch nur im Zweifel, d. h. wenn nicht auch dieses Recht vertraglich ausgeschlossen ist, gelten.

b. In Betreff der gewöhnlichen Verpflichtungen des Empfängers zur Zahlung der Fracht bewendet es bei den Art. 406 bezw. 415 H.G.B., je nachdem ein Frachtbrief oder Ladeschein ausgestellt ist. Eine Regel, inwieweit der Empfänger für Kosten und Auslagen aufzukommen hat, welche erst nach Ausstellung der Ladepapiere entstanden und in denselben nicht vorgesehen sind, läßt sich nicht geben. Soweit solche Kosten, wie z. B. Liegegelder, von ihm selbst verursacht sind, muß er sie jedenfalls tragen (Begr. S. 92).

§. 67.

Wird der Antritt der Reise durch Zufall dauernd verhindert, so tritt der Frachtvertrag außer Kraft, ohne daß der eine Theil zur Entschädigung des anderen verpflichtet ist.

Als dauernde Verhinderung ist es insbesondere anzusehen:

1. wenn das Schiff, mit welchem die Beförderung zu erfolgen hatte, verloren geht, oder derart beschädigt wird, daß die Reise nicht ohne eine umfassende Ausbesserung des Schiffes angetreten werden kann; als Ausbesserung dieser Art gilt namentlich eine solche, welche die vollständige Löschung der Ladung nothwendig macht;
2. wenn die zu befördernden Güter verloren gehen, vorausgesetzt, daß sie nicht blos nach Art und Gattung, sondern speziell im Frachtvertrage bezeichnet oder bereits verladen oder doch von dem Frachtführer übernommen waren. [1])

Zu § 67.

[1]) **Dauernde Verhinderung des Reiseantritts durch Zufall.** a. Der § 67 entspricht im Prinzip dem Art. 630 H.G.B. Zufällige, aber dauernde Verhinderung der Reise hebt den Frachtvertrag auf, ohne daß ein Theil den anderen zu entschädigen hat. Zur Annahme einer dauernden Verhinderung ist nicht nothwendig, daß die Möglichkeit der Reise für alle Zeit ausgeschlossen ist; es genügt, wenn nach den Umständen der erkennbare Zweck der Reise unerreichbar geworden ist, z. B. der Erlaß eines Ein=

fuhr-, Ausfuhr- oder Durchfuhrverbots hinsichtlich der zu befördernden Waaren. Der Abs. 2 bezeichnet nur einzelne Fälle, welche als dauernde Hindernisse angesehen werden sollen (Begr. S. 93, Komm.Ber. S. 16).

b. Soweit Ansprüche des Frachtführers, welche von der Ausführung des Transports unabhängig sind, insbesondere für Liegegelder und Auslagen, bereits begründet waren, als das Hinderniß eintrat, bleiben sie bestehen (Begr. S. 93).

c. Der Fall der nothwendigen Schiffsreparatur ist in Ziff. 1 abweichend von Art. 640 H.G.B. regulirt.

d. Der Fall des Verlustes der zu befördernden Güter ist in Ziff. 2 entsprechend den Ziff. 2 und 3 Abs. 1 des Art. 630 H.G.B. behandelt, jedoch ist dessen Abs. 2 nicht übernommen.

§. 68.

Wird nach dem Antritt der Reise die Fortsetzung derselben durch Zufall dauernd verhindert, so finden die Bestimmungen des §. 67 mit der Maßgabe Anwendung, daß für den zurückgelegten Theil der Reise Distanzfracht (§. 63 Absatz 2) zu entrichten ist. [1])

Zu § 68.

[1]) **Dauernde Verhinderung der Reisefortsetzung durch Zufall.** Bei einer dauernden Verhinderung der Fortsetzung der Reise finden die gleichen Grundsätze wie nach § 65 statt, jedoch mit der Maßgabe, daß für den zurückgelegten Theil der Reise Distanzfracht im Sinne des § 63 Abs. 2 zu zahlen ist.

§. 69.

Im Falle des Verlustes oder der Beschädigung des Schiffes ist trotz der Auflösung des Frachtvertrages der Schiffer verpflichtet, bei Abwesenheit der Betheiligten für das Beste der Ladung zu sorgen. Er ist im Falle der Dringlichkeit berechtigt und verpflichtet, auch ohne vorherige Anfrage, je nachdem es den Umständen entspricht, entweder die Ladung für Rechnung der Betheiligten mittelst eines anderen Schiffes nach dem Ablieferungsorte befördern zu lassen oder die Auflagerung derselben zu bewirken. Von den getroffenen Maßregeln sind die Betheiligten unverzüglich in Kenntniß zu setzen.[1])

Zu § 69.

[1]) **Sorge für Ladung bei Verlust des Schiffs.** Bei Verlust oder schwerer Beschädigung des Schiffs vor oder nach Antritt der Reise tritt nach den §§ 67, 68 der Frachtvertrag außer Kraft. Dies entbindet den Schiffer, welcher nach § 7 den Ladungsbetheiligten für die sorgfältige Wahrnehmung seiner Dienstverrichtungen haftet, nicht von der Pflicht, nach Kräften für das Beste der Ladung zu sorgen. Der § 67 verpflichtet ihn — entsprechend dem Abs. 1 des Art. 634 H.G.B. — die Anweisung der Ladungsbetheiligten einzuholen, im Falle der Dringlichkeit aber auch ohne Rückfrage selbst das Nöthige vorzukehren und die Güter mittelst eines anderen Schiffs nach dem Bestimmungsort befördern zu lassen oder sie aufzulagern, und die Betheiligten unverzüglich von dem Veranlaßten zu benachrichtigen. Als selbstverständlich ist der Abs. 2 des Art. 634 H.G.B. fortgelassen, daß der Schiffer vor Bezahlung seiner Forderungen in allen diesen Fällen, die Güter dem Empfänger oder Absender nicht auszuliefern braucht. — Für die schuldhaft unterlassene Erfüllung der im § 69 dem Schiffer auferlegten Pflichten haftet nach den §§ 3 und 4 Ziff. 3 (wie nach Abs. 3 des Art. 634 H.G.B.) der Schiffseigner mit Schiff und Fracht (Begr. S. 94).

§. 70.

Wird der Antritt oder die Fortsetzung der Reise nicht dauernd, sondern nur zeitweilig durch Naturereignisse oder Zufall verhindert, so braucht der Absender die Aufhebung des Hindernisses nicht abzuwarten, er kann vielmehr vom Vertrage zurücktreten.

In diesem Falle sind dem Frachtführer die Kosten der Vorbereitung der Reise, die Kosten der Wiederausladung und für den zurückgelegten Theil der Reise Distanzfracht (§. 63 Absatz 2) zu vergüten.[1])

Muß der Frachtführer überwintern, so findet ein Rücktritt des Absenders nach Maßgabe der vorstehenden Bestimmung nicht statt. In diesem Falle ist der Absender zur Zurücknahme der Güter nur nach den Bestimmungen der §§. 36 bis 39 berechtigt.[2])

Zu § 70.

[1]) **Zeitweilige Verhinderung der Reise durch Zufall.** Die Abs. 1 und 2 des § 70 entsprechen im Wesentlichen dem Art. 394 Abs. 2 des H.G.B., gegen Art. 639 desselben. Wenn Naturereignisse oder Zufall (nicht aber ein Verschulden des Frachtführers) zeitweilig den Antritt oder die Fortsetzung der Reise hindern, so braucht der Absender die Aufhebung des Hindernisses nicht abzuwarten, und kann vom Vertrage gegen Zahlung der Distanzfracht und Kosten zurücktreten. Unter zeitweiliger Verhinderung sind, wie nach Art. 394 H.G.B., kurze und nach Lage der Verhältnisse unerhebliche Verzögerungen, zumal wenn sie solche sind, wie sie ihrer Natur nach häufig bei der Schiffahrt vorkommen, nicht zu verstehen (Begr. S. 95).

2) a. Nach Abs. 3 ist der Fall, daß eine Ueberwinterung vor oder während der Reise nothwendig wird, nicht nach den Abs. 1 und 2 dieses Paragraphen, sondern nach den §§ 36—39 zu beurtheilen, weil bei der Schiffahrt zur Winterszeit der durch die Ueberwinterung bedingte Aufenthalt kein unerwartetes Ereigniß ist (Begr. S. 95). Der Absender ist hiernach berechtigt, bei dessen Eintritt von dem Vertrage zurückzutreten, aber nur nach den §§ 36—39, wie bei willkürlichem Rücktritte. Er hat demnach, falls die Ueberwinterung am Abgangsorte stattfindet, ein Drittel und bei Theil- und Stückgüterverfrachtung die Hälfte der Fracht, wenn aber das Schiff an einem Zwischenort überwintert, die volle Fracht zu bezahlen, und kann bei Theil- oder Stückgüterverfrachtung auch im Falle der Ueberwinterung die Wiederausladung nur unter den im § 38 Ziff. 3 bezeichneten Voraussetzungen verlangen (Begr. S. 95).

b. Der Abs. 3 findet keine Anwendung, wenn die Reise von dem Frachtführer schuldhafter Weise verzögert wurde und erst hierdurch die Ueberwinterung auf der Reise nothwendig wurde. In diesem Falle entscheiden die allgemeinen Grundsätze über die Schadensersatzpflicht und über das aus dem Erfüllungsinteresse unter Umständen abzuleitende Recht zum Rücktritt vom Vertrage (Begr. S. 95).

§. 71.[1])

Auf Verlangen des Absenders ist demselben von dem Frachtführer nach Verladung der Güter ein Ladeschein auszustellen, durch welchen der Frachtführer sich zur Auslieferung der Güter an den legitimirten Besitzer des Scheines verpflichtet. Das Verlangen ist vor Beginn der Verladung der Güter zu stellen.[2])

Der Ladeschein hat außer den im Artikel 414 des Handelsgesetzbuchs aufgeführten Angaben auch die Bezeichnung des Schiffes zu enthalten, in welches die Güter verladen sind.[3])

Wird der Ladeschein an die Order einer Person ausgestellt, welche am Ablieferungsorte weder ihren Wohnsitz noch eine Niederlassung hat, so kann der Frachtführer die Bezeichnung einer Meldeadresse verlangen, bei welcher ihm nach der Ankunft am Ablieferungsorte die Person des Ladescheinbesitzers bekannt zu geben ist. Die Meldeadresse ist auf dem Ladescheine zu vermerken.[4])

Zu § 71.

[1]) Die §§ 71—76 handeln vom **Ladeschein.** Wenn ein Frachtbrief ausgestellt ist (Art. 391, 392 H.G.B), so verbleibt es lediglich bei den Art. 401—406 H.G.B., dagegen kommen, wenn ein Ladeschein ausgestellt ist, die Art. 414—420 H.G.B. (abgedruckt zu § 26) mit den aus den §§ 71—76 sich ergebenden Abänderungen zur Anwendung. Die Art. 302, 303 und 305 H.G.B. betr. die Uebertragung der Ladescheine durch Indossament bleiben in Geltung.

[2]) a. Nach Art. 413 Abs. 1 H.G.B. können Absender und Frachtführer übereinkommen, daß der letztere dem ersteren einen Ladeschein ausstellt. Der § 71 Abs. 1 bestimmt abweichend hiervon, daß der Absender vor Beginn der Verladung (Komm.Ber. S. 25) von dem Frachtführer verlangen kann, daß er ihm einen Ladeschein ausstelle, d. h. (entsprechend Art. 413 Abs. 2 H.G.B.) eine Urkunde, durch welche der Frachtführer sich zur Auslieferung der Güter an den legitimirten Besitzer des

Scheines verpflichtet (sog. Konnossement). Der Ladeschein braucht nicht von dem Frachtführer selbst unterzeichnet zu werden, sondern kann nach § 16 Abs. 2 an allen Orten auch von dem Schiffer als dessen gesetzlichem Vertreter vollzogen werden, oder kraft besonderer Vollmacht auch von einem anderen Vertreter.

b. Eine Verpflichtung des Frachtführes zur Ausstellung des Ladescheins in mehreren Exemplaren ist, abweichend vom Art. 644 H.G.B., im Gesetze nicht anerkannt. Stellt er jedoch mehrere aus, so ist eine entsprechende Anwendung der Art. 648, 650, 651 desselben nicht ausgeschlossen (Begr. S. 97).

[3]) Der Abs. 2 will durch die erforderte Angabe des Schiffes, in welches die Güter verladen sind, diese selbst genauer kenntlich machen. Findet während der Reise eine Umladung in ein anderes Schiff statt, so wird hierdurch der Auslieferungsanspruch des Ladeschein-Inhabers selbstverständlich nicht berührt (Begr. S. 97).

[4]) **Meldeadresse.** Der Ladeschein soll nach Ziffer 4 Art. 414 H.G.B. unter anderem den Namen desjenigen enthalten, an den oder an dessen Ordre das Gut abgeliefert werden soll; als solcher ist der Absender zu verstehen, wenn der Ladeschein lediglich an Ordre gestellt ist. Es kann daher der Ladeschein an die Ordre einer Person lauten, welche am Ablieferungsorte weder einen Wohnsitz noch eine Geschäftsniederlassung hat. In Ermangelung näherer Mittheilungen über die Person des Empfängers müßte der Schiffer sofort nach der Ankunft sein Eintreffen und seine Löschungsbereitschaft öffentlich bekannt machen lassen (§ 47 Abs. 4). Um dies zu vermeiden, ist ihm das Recht eingeräumt, wenn der Ladeschein an die Ordre einer Person ausgestellt ist, welche am Ablieferungsorte weder ihren Wohnsitz noch eine Niederlassung hat, die Bezeichnung einer Meldeadresse zu verlangen, bei welcher er die Person des Ladeschein-Inhabers erfahren kann.

Die Meldeadresse ist auf dem Ladeschein zu vermerken, damit die späteren Erwerber der Urkunde in sicherer Weise davon Kenntniß erlangen (Begr. S. 97).

§. 72.

Die Uebergabe des Ladescheines an den legitimirten Besitzer hat, sobald die Güter von dem Frachtführer übernommen sind, für den Erwerb der von der Uebergabe abhängigen Rechte dieselben rechtlichen Wirkungen wie die Uebergabe der Güter.[1])

Zu § 72.

[1]) **Wirkung der Uebergabe des Ladescheins.** Der Art. 649 H.G.B. hat für das an Ordre gestellte Seekonnossement bestimmt, daß dessen Uebergabe an den, welcher durch dasselbe zur Empfangnahme legitimirt wird, sobald die Güter wirklich abgeladen sind, für den Erwerb der von der Uebergabe der Güter abhängigen Rechte dieselben rechtlichen Wirkungen hat, wie die Uebergabe der Güter. Das R.G. (V, 79) hat diesen Satz, daß die Uebergabe des Konnossements der Uebergabe der Güter gleichsteht, also auch zur Uebertragung von Besitz und Eigenthum an den Gütern ausreicht, auch auf Ladescheine für anwendbar erklärt. Dies ist im § 72, um alle Zweifel auszuschließen, durch Gesetz ausgesprochen, und zwar ohne Unterschied, ob der Ladeschein an Ordre lautet oder nicht (Begr. S. 98).

§. 73.

Der Frachtführer haftet für die Richtigkeit der im Ladescheine enthaltenen Bezeichnung der Zahl, des Maßes oder des Gewichtes der verladenen Güter, es sei denn, daß durch den Zusatz: „Zahl, Maß, Gewicht unbekannt" oder durch einen gleichbedeutenden Vermerk ersichtlich gemacht ist, daß die Güter dem Frachtführer nicht zugezählt, zugemessen oder zugewogen sind.

Erklärt sich der Absender bereit, die Zuzählung, Zumessung oder Zuwiegung der Güter auf seine Kosten vornehmen zu lassen, so ist der Frachtführer nicht berechtigt, einen Zusatz der im Absatz 1 bezeichneten Art in den Ladeschein aufzunehmen. [1])

Die Bestimmungen des §. 60 bleiben unberührt. [2])

Zu § 73.

[1]) Die §§ 73—76 betreffen die Haftung, wenn ein Ladeschein ausgestellt ist. Der § 73 erklärt den Frachtführer als haftbar für die Richtigkeit der im Ladeschein enthaltenen Bezeichnung der Zahl, des Maßes oder des Gewichtes der verladenen Güter, wenn er nicht in demselben erkennbar gemacht hat, daß ihm die Güter nicht zugezählt, zugemessen oder zugewogen worden sind. Dies kann er durch den Zusatz „Zahl, Maß, Gewicht unbekannt" oder durch einen gleichbedeutenden Vermerk im Ladeschein thun, ist zu einem solchen Zusatze aber nicht befugt, wenn der Absender sich bereit erklärt, auf seine Kosten die Zuzählung, Zumessung oder Zuwiegung der Güter vornehmen zu lassen. Diese Bestimmung beruht darauf, daß der Frachtführer an sich nicht mehr abzuliefern hat als er empfangen hat, daß dies jedoch, wenn ein Ladeschein ausgestellt ist, nicht ausreicht, weil ein solcher Schein die Verpflichtung des Frachtführers begründet zur Ablieferung des Guts nach Maßgabe der in der Urkunde erhaltenen Angaben, falls nicht in der Urkunde selbst die Haftung für diese Angaben abgelehnt ist. Dies entspricht den Art. 653, 657 H.G.B. Auch in anderen Beziehungen

kann der Frachtführer die nach dem Gesetze an sich begründete Haftung für den Inhalt des Ladescheins durch besonderen Vermerk in demselben ausschließen (Begr. S. 99).

²) Die Bestimmungen hinsichtlich des nach § 60 unter Umständen zulässigen Mindergewichts oder Mindermaßes, und der Vertheilung eines bei der Ablieferung etwa vorhandenen Mehr- oder Mindergewichts und Mehr- oder Mindermaßes unter mehrere Empfänger gilt auch, wenn ein Ladeschein mit Angaben über Zahl, Maß oder Gewicht ohne Vorbehalt gezeichnet ist (Abs. 3).

§. 74.

Der Frachtführer haftet für die Richtigkeit der im Ladescheine enthaltenen Bezeichnung der Güter, sofern er nicht beweist, daß die Unrichtigkeit der Bezeichnung bei Anwendung der Sorgfalt eines gewöhnlichen Frachtführers nicht zu erkennen war. ¹)

Sind dem Frachtführer die Güter in Verpackung oder in geschlossenen Gefäßen übergeben und ist dies aus dem Ladescheine zu ersehen, so trifft den Frachtführer keine Verantwortlichkeit für die richtige Bezeichnung des Inhalts, es sei denn, daß ihm eine bösliche Handlungsweise nachgewiesen wird. ²)

Zu § 74.

¹) Der § 74 weicht vom Art. 654 H.G.B. ab. Nach diesem haftet der Verfrachter (Frachtführer) für die Richtigkeit der im Konnossemente enthaltenen Bezeichnung der Güter dem Empfänger. Der § 74 hat die Haftung dahin gemildert, daß ihm der Entschuldigungsbeweis offen gelassen wird, es sei die Unrichtigkeit der Bezeichnung bei Anwendung der Sorgfalt eines gewöhn-

lichen Frachtführers nicht erkennbar gewesen. Der Entwurf § 72 hatte näher angegeben, daß hier unter Bezeichnung der Güter die „der Gattung, Art und Beschaffenheit“ zu verstehen sei (Begr. S. 99). Die Kommission strich jedoch diese Worte (und schloß sich insoweit dem Art. 654 H.G.B. an). Es wurde einerseits geltend gemacht, daß man bei dem gewöhnlichen Schiffer nicht die erforderliche Waarenkenntniß voraussetzen könne (Ber. S. 17), andererseits (Ber. S. 25) aber hervorgehoben, daß der Frachtführer bei Ausstellung eines Ladescheins vorsichtig in der Bezeichnung der Güter sein müsse, denn er habe das abzuliefern, was er bekennt, empfangen zu haben, und der Ladeschein müsse ein zirkulationsfähiges Papier bleiben; es werde ihm auch nur die Sorgfalt eines gewöhnlichen (nicht eines ordentlichen) Frachtführers, also etwas, das er leisten könne, zugemuthet. Die Kommission nahm an, daß der allgemeine Ausdruck: Bezeichnung der Güter hiernach ausreichend klar sein werde.

[2]) Die im Abs. 1 näher bestimmte Haftung fällt dem Frachtführer dann nicht zur Last, wenn er die Güter in Verpackung oder in geschlossenen Gefäßen erhalten und dies bei ihrer Bezeichnung im Ladeschein erkennbar gemacht hat, weil dies ergiebt, daß er sie nicht prüfen konnte und nicht geprüft hat, also auch nicht für die Richtigkeit der Bezeichnung einstehen will. Daß er bei böslicher Handlungsweise trotz eines solchen Vermerkes haftet, entspricht allgemeinen Rechtsgrundsätzen. (Begr. S. 99.)

§. 75.

In den Fällen des §. 73 Absatz 1 und des §. 74 beschränkt sich die Haftung des Frachtführers auf den Ersatz des Minderwerths, welcher aus der Nichtübereinstimmung der Güter mit der im Ladescheine enthaltenen Bezeichnung sich ergiebt. Fällt dem Frachtführer eine bösliche Handlungsweise zur Last, so hat er den vollen Schaden zu ersetzen.[1])

Zu § 75.

[1]) **Umfang der Haftung**. Im Falle der unrichtigen Bezeichnung der Güter im Ladeschein überhaupt (§ 74) oder ihrer Quantität nach (§ 73 Abs. 1) beschränkt sich die Haftung des Frachtführers auf Zahlung des Minderwerths der abgelieferten Güter gegenüber dem Werthe, wie er nach der Bezeichnung vorhanden gewesen wäre. Dies entspricht dem Art. 654 H.G.B. Dadurch wird der Empfänger von dem anderweiten Nachweise seines Schadens befreit. Im Falle böslicher Handlungsweise hat der Frachtführer dagegen den vollen Schaden zu ersetzen.

§. 76.

Uebernimmt der Frachtführer Güter, deren Beschädigung, schlechte Beschaffenheit oder mangelhafte Verpackung bei der Verladung äußerlich erkennbar ist, so hat er den Mangel im Ladescheine zu vermerken, widrigenfalls er dem Empfänger für den aus dem Mangel sich ergebenden Minderwerth der Güter verantwortlich ist.[1])

Zu § 76.

[1]) Der § 76 stimmt im Grundsatze mit Art. 660 H.G.B. überein. Die Bestimmung ist durch den Zweck des Ladescheins geboten, denn der Erwerber der Urkunde muß, wenn ein betreffender Vermerk im Ladeschein fehlt, davon ausgehen können, daß die Güter wenigstens äußerlich erkennbare Mängel der im § 76 bezeichneten Art bei der Verladung nicht gehabt haben.

§. 77.

Für Verlust oder Beschädigung von Reisegepäck haftet der Schiffseigner, sofern das Gepäck von dem Schiffer oder einer dazu bestellten Person übernommen ist, in gleicher Weise wie der Frachtführer für Frachtgüter.[1])

Er hat wegen des Frachtgeldes ein Pfandrecht an dem Gepäck, solange dasselbe zurückbehalten oder niedergelegt ist. Die Wirkungen und die Geltendmachung des Pfandrechts bestimmen sich im Uebrigen nach den für das Pfandrecht des Frachtführers an den Frachtgütern geltenden Vorschriften.[2])

Zu § 77.

[1]) Das G. enthält keine Regelung der die Personenbeförderung bei der Binnenschiffahrt betreffenden Rechtsverhältnisse, nur hinsichtlich des Reisegepäcks enthält der § 77 einige den Art. 674, 675 H.G.B. entsprechende Bestimmungen. Er beschränkt jedoch die Haftung für Verlust oder Beschädigung des Reisegepäcks auf das zur Beförderung besonders aufgegebene, weil nur hinsichtlich dieses Gepäcks ein Transportvertrag geschlossen ist; für nicht aufgegebenes Reisegepäck haftet der Frachtführer nicht, es sei denn (§ 3, § 4 Ziff. 3), daß der Verlust oder die Beschädigung durch das Verschulden einer Person der Schiffsbesatzung in Ausführung ihrer Dienstverrichtungen verursacht ist. (Begr. S. 101.)

[2]) Der Abs. 2 stellt das Reisegepäck hinsichtlich des Pfandrechts wegen des Frachtgeldes den übrigen Frachtgütern gleich, jedoch, entsprechend Art. 675 Abs. 2 H.G.B., mit der Einschränkung, daß das Pfandrecht nur so lange besteht, als das Reisegepäck zurückbehalten oder niedergelegt ist. Mit der Auslieferung an den Passagier erlischt es, abweichend von Art. 409 H.G.B., gänzlich.

Fünfter Abschnitt.

Haverei.

§. 78.

Große Haverei sind alle Schäden, welche einem Schiffe oder der Ladung desselben oder beiden zum Zweck der Errettung beider aus einer gemeinsamen Gefahr von dem Schiffer oder auf dessen Geheiß vorsätzlich zugefügt werden, sowie auch die durch solche Maßregeln ferner verursachten Schäden einschließlich des Verlustes der Fracht für aufgeopferte Güter, desgleichen die Kosten, welche zu dem bezeichneten Zwecke von dem Schiffer oder nach seiner Anweisung von einem der Ladungsbetheiligten aufgewendet werden.[1])

Die große Haverei wird von Schiff und Ladung gemeinschaftlich getragen; die Havereivertheilung tritt jedoch nur ein, wenn sowohl das Schiff als auch die Ladung und zwar jeder dieser Gegenstände entweder ganz oder theilweise wirklich gerettet worden sind.[2])

Alle nicht zur großen Haverei gehörigen, durch einen Unfall verursachten Schäden und Kosten (besondere Haverei) werden von den Eigenthümern des Schiffes und der Ladung, von jedem für sich allein getragen.[3])

Zu § 78.

[1]) **Grosse Haverei.** a. Der Abs. 1 des § 78 bestimmt den Begriff und die Voraussetzungen der großen Haverei entsprechend dem Art. 702 H.G.B.; sie liegt nur vor bei einer das Schiff und die Ladung gemeinsam bedrohen-

den und unmittelbar bevorstehenden oder doch verständigerweise als vorhanden anzunehmenden Gefahr (R.O.H. Bd. 8 S. 298, Bd. 21 S. 157, Bd. 23 S. 344). Ob eine Gefährdung, welche zunächst nur Schiff oder Ladung betrifft, zugleich eine Gefährdung des anderen Objektes enthält, kann nur im konkreten Falle nach den Umständen entschieden werden. Eine weitere Voraussetzung der großen Haverei ist, daß die schadenbringende Maßregel vorsätzlich und zur gemeinsamen Rettung von Schiff und Ladung vorgenommen ist; gleichgültig dagegen ist, ob das Opfer durch Beschädigung des Schiffes oder der Ladung oder durch Kosten verursachende Maßregeln gebracht ist. Daher begründet eine nicht beabsichtigte Beschädigung, welche bei einer gemeinsamen Gefahr das Schiff oder die Ladung trifft und im schließlichen Erfolge zur Rettung beider ausschlägt, ebensowenig einen Ersatz in großer Haverei, als eine ausschließlich im Interesse des Schiffes oder der Ladung gemachte Aufwendung, welche lediglich durch eine Verbindung nicht vorhergesehener Umstände zur Rettung beider führt. Endlich ist eine Voraussetzung der großen Haverei, daß die Anordnung der Rettungsmaßregel von dem Schiffer oder auf dessen Geheiß als dem Vertreter der sämmtlichen betheiligten Interessenten ausgegangen ist; diese Voraussetzung liegt bei eigenmächtigem Einschreiten der Schiffsmannschaft oder dritter Personen daher nicht vor. Es verschlägt jedoch nach § 78 Abs. 1 nichts, ob der Schiffer selbst oder ein Ladungsbetheiligter auf dessen Anweisung die Rettungskosten aufgewendet hat.

b. Das Erforderniß der objektiven Angemessenheit der vom Schiffer ergriffenen Maßregel ist im Gesetze nicht aufgestellt. Die Verantwortlichkeit des letzteren für Sorgfalt bei der Auswahl der zur Rettung aus einer Gefahr geeigneten Mittel ergiebt sich aus § 7. (Begr. S. 104.)

c. Zu den durch die Rettung verursachten Schäden gehören nicht nur die mit dem Havereiakt unmittelbar verbundenen Opfer, sondern auch die aus der Maßregel als weitere Folgen sich ergebenden Verluste und Kosten. Wenn Ladungsgüter geopfert sind, dann gehört auch der Verlust an Fracht (da nach § 63 des G. für solche nur Distanzfracht zu zahlen ist) zu den Havereikosten.

²) a. Der Abs. 2 enthält den Grundsatz, daß die große Haverei von Schiff und Ladung getragen wird, worüber die näheren Bestimmungen im § 85 getroffen sind. Er weicht von Art. 702 Abs. 2 H.G.B. nur insoweit ab, als die Fracht nicht beitragspflichtig ist (Komm.-Ber. S. 17). — Die Fahrgelder der Reisenden werden daher bei der Havereiberechnung auch nicht berücksichtigt (Begr. S. 105).

b. Der zweite Satz des Abs. 2 reproduzirt den Art. 705 H.G.B., und enthält das Erforderniß des günstigen Erfolges der Rettungsmaßregel, daß nämlich Schiff und Ladung ganz oder theilweise gerettet worden sind; ist also Schiff oder Ladung ganz verloren, so ist das bezeichnete Erforderniß nicht vorhanden.

³) **Besondere Haverei.** a. Der Abs. 3 faßt die beiden Absätze des Art. 703 H.G.B. zusammen. Die besondere Haverei unterscheidet sich von der großen Haverei wesentlich dadurch, daß die letztere auf einem menschlichen Willensakte bei bevorstehender Gefahr beruht, die erstere aber auf einem Unfalle, einem Naturereignisse. Auf einen solchen Schaden findet, vorbehaltlich etwaiger Ersatzansprüche wegen Verschuldens eines Betheiligten, die Regel Anwendung, daß der Betroffene ihn zu tragen hat. Auch dann, wenn ein das Schiff oder die Ladung treffender Unfall eine für beide gemeinsame Gefahr herbeiführt, deren Abwendung demnächst Kosten oder Schäden verursacht, welche als große Haverei zu betrachten sind, bleibt doch immer der Unfall selbst mit seinen besonderen

Folgen den unmittelbar Betheiligten zur Last. Insbesondere gilt dies von den Herstellungskosten im Falle einer zufälligen Beschädigung des Schiffs, während die Aufwendungen, welche zur Beseitigung einer aus dieser Beschädigung für Schiff und Ladung erwachsenden Gefahr erforderlich werden, als große Haverei zu behandeln sind. (Begr. S. 105.)

b. Nach den vorstehend erörterten Bestimmungen gehören bei der Schleppschiffahrt zur großen Haverei die Schäden und Kosten, welche im Falle gemeinsamer Gefährdung des geschleppten Schiffes und seiner Ladung von dessen Führer zur Rettung angerichtet bezw. aufgewendet sind. Dagegen gehören nicht dahin die Aufwendungen des Schleppschiffers zum Besten des Schleppzuges, da die geschleppten Schiffe nicht als die Ladung des Schleppschiffes betrachtet werden können, eine gemeinsame Gefahr für Schiff und Ladung im Sinne des § 78 also nicht in Frage steht. Ob und inwieweit der Schleppschiffer für außerordentliche Aufwendungen, welche er im Interesse der geschleppten Schiffe gemacht hat, Ersatz verlangen kann, bestimmt sich daher nach dem Vertrage oder nach allgemeinen Rechtsgrundsätzen. (Begr. S. 106.)

§. 79.

Die Anwendung der Bestimmungen über große Haverei wird dadurch nicht ausgeschlossen, daß die Gefahr in Folge des Verschuldens eines Dritten oder auch eines Betheiligten herbeigeführt ist.

Der Betheiligte, welchem ein solches Verschulden zur Last fällt, kann jedoch wegen der ihm etwa entstandenen Schäden keine Vergütung fordern und ist den Beitragspflichtigen für den Verlust verantwortlich, welchen sie dadurch erleiden, daß der Schaden als große Haverei zur Vertheilung kommt.

Ist die Gefahr durch eine Person der Schiffsbesatzung verschuldet, so trägt die Folgen dieses Verschuldens auch der Schiffseigner nach Maßgabe der §§. 3 und 4.[1])

Zu § 79.

[1]) a. Der § 79 stimmt wesentlich mit dem Art. 704 H.G.B. überein. Da es sich bei den Bestimmungen über die große Haverei um die Folgen von Maßregeln aus Anlaß einer eingetretenen Gefahr handelt, so ist es an sich ohne Einfluß, wodurch die Gefahr entstanden ist, also auch unerheblich, ob die Gefahr durch das Verschulden eines Dritten oder Betheiligten entstanden ist. Der Betheiligte aber, welcher die Gefahr durch sein Verschulden herbeigeführt hat, kann selbstverständlich keine Vergütung fordern und haftet den Beitragspflichtigen für den Verlust, den sie dadurch erleiden, daß der Schaden als große Haverei zur Vertheilung kommt. Diese Folgen treten auch für den Schiffseigner nach Maßgabe der §§ 3 und 4 ein, wenn die Gefahr durch eine Person der Schiffsbesatzung verschuldet ist. (Begr. S. 106).

b. In der Kommission (Ber. S. 20) wurde zu § 3 Abs. 2 konstatirt, daß hinsichtlich des Verschuldens bei der großen Haverei (Abs. 2 und 3 des § 79) zu der Schiffsbesatzung auch der sein Schiff selbst führende Schiffseigner gehört, und daß der Schiffseigner auch bei der großen Haverei im Falle des ihm außerhalb der Sorgfalt eines ordentlichen Schiffers (§ 7) nachgewiesenen Verschuldens immer nur mit Schiff und Fracht haftet (Ber. S. 27).

§. 80.

Die Verpflichtung, von einem geretteten Gegenstande beizutragen, wird dadurch, daß derselbe später von besonderer Haverei betroffen wird, nur dann vollständig aufgehoben, wenn der Gegenstand ganz verloren geht.[1])

Zu § 80.

[1]) Der § 80 lautet wörtlich wie Art. 706 H.G.B. und hat darin seinen Grund, daß die Havereibeiträge an der Sache haften, also die Pflicht zu deren Bezahlung fortfällt, wenn die Sache in einem späteren Unfalle ganz zu Grunde geht. Es besteht dann keine Beitragspflicht.

§. 81.

Der Anspruch auf Vergütung einer zur großen Haverei gehörenden Beschädigung wird durch eine besondere Haverei, welche den beschädigten Gegenstand später trifft, sei es, daß er von Neuem beschädigt wird oder ganz verloren geht, nur insoweit aufgehoben, als bewiesen wird, daß der spätere Unfall mit dem früheren nicht allein in keinem Zusammenhange steht, sondern daß er auch den früheren Schaden nach sich gezogen haben würde, wenn dieser nicht bereits entstanden gewesen wäre.

Sind jedoch vor Eintritt des späteren Unfalls zur Wiederherstellung des beschädigten Gegenstandes bereits Aufwendungen gemacht, so bleibt rücksichtlich dieser der Anspruch auf Vergütung bestehen.[1])

Zu § 81.

[1]) Der § 81 lautet wörtlich wie Art. 707 H.G.B. und betrifft den Vergütungsanspruch des in großer Haverei Beschädigten. Dieser Paragraph wie der vorhergehende beruhen auf dem Gedanken, daß die Reise ein Ganzes

bildet, daß daher für die Rechte und Pflichten der bei der großen Haverei Betheiligten nicht ohne Weiteres die Sachlage entscheidend ist, wie sie sich unmittelbar nach der Rettungsmaßregel gestaltet hat, sondern im Allgemeinen die Sachlage am Ende der Reise (Begr. S. 106). Es wird also z. B. kein Ersatz verlangt werden können, wenn die bei einer großen Haverei mäßig beschädigte Waare demnächst ohne Zusammenhang mit dem Havereifalle kasuell über Bord fällt.

§. 82.

In Bezug auf den Umfang der großen Haverei gelten, sofern die allgemeinen Voraussetzungen derselben vorhanden sind, die folgenden Bestimmungen:[1])

1. Wenn Waaren, Schiffstheile oder Schiffsgeräthschaften über Bord geworfen, Taue oder Segel weggeschnitten, Masten, Anker, Ankertaue oder Ankerketten gekappt worden sind, so gehören zur großen Haverei sowohl diese Schäden selbst, als die durch solche Maßregeln an Schiff oder Ladung ferner verursachten Schäden.[2])
2. Wenn zur Erleichterung des Schiffes die Ladung ganz oder theilweise in Leichterfahrzeuge übergeladen worden ist, so gehört zur großen Haverei sowohl der Leichterlohn, als der Schaden, welcher bei dem Ueberladen in das Leichterfahrzeug oder bei dem Rückladen in das Schiff der Ladung oder dem Schiffe zugefügt worden ist, sowie der Schaden, welcher die Ladung auf dem Leichterfahrzeuge betroffen hat.

Muß die Erleichterung im regelmäßigen Verlaufe der Reise erfolgen, so liegt große Haverei nicht vor.[3])

3. Wenn das Schiff absichtlich festgefahren ist, um das Sinken desselben abzuwenden, oder wenn das Schiff absichtlich zum Sinken gebracht ist, um eine Zerstörung desselben und der Ladung durch Feuer zu verhüten, so gehören zur großen Haverei sowohl die durch die Maßregel entstandenen Schäden als auch die Kosten und Schäden der Abbringung oder Hebung.[4])

Wird das Schiff nicht abgebracht oder gehoben oder wird es nach der Abbringung oder Hebung als reparaturunfähig befunden, so findet eine Havereivertheilung nicht statt.[5])

Ist das Schiff gesunken, ohne daß dies zur Rettung von Schiff und Ladung vorsätzlich herbeigeführt war, so gehören zwar nicht die durch den Unfall veranlaßten Schäden, wohl aber die zur gemeinsamen Hebung von Schiff und Ladung verwendeten Kosten sowie die zu diesem Zweck dem Schiffe oder der Ladung absichtlich zugefügten Schäden zur großen Haverei.[6])

4. Wenn zur Abwendung einer durch Eisgang oder durch andere Umstände verursachten Gefahr, zu deren Beseitigung die ordnungsmäßige Bemannung des Schiffes nicht ausreicht, Hülfsmannschaften oder Schleppdampfer angenommen

werden, so gehören die hierdurch entstehenden Kosten und Schäden zur großen Haverei. Erfolgt die Annahme von Schleppdampfern oder Hülfsmannschaften im regelmäßigen Verlaufe der Reise, so liegt große Haverei nicht vor.[7])

5. Wenn das Schiff wegen Eintritts des Winterfrostes gezwungen ist, einen Zwischenhafen aufzusuchen, so gehören zur großen Haverei die Kosten des Ein- und Auslaufens, die Schlepplöhne, die Hafengebühren, die für die Bewachung des beladenen Schiffes erforderlich gewordenen Kosten und, wenn zur Erleichterung des Schiffes die Ladung ganz oder theilweise in Leichterfahrzeuge übergeladen worden ist, der Leichterlohn, sowie der durch die Leichterung entstandene Schaden gemäß der Bestimmung unter Nr. 2.[8])

Zu § 82.

[1]) Entsprechend dem Art. 708 H.G.B. bestimmt der § 82 näher den Umfang des zur großen Haverei gehörigen Schadens für bestimmte Fälle, immer vorausgesetzt, daß die allgemeinen Voraussetzungen der großen Haverei vorliegen. Für andere Fälle, welche unter § 78 zu subsummiren sind, verbleibt es bei den allgemeinen Bestimmungen.

[2]) Die Ziff. 1 betrifft die unmittelbare Opferung von Schiffstheilen oder Schiffszubehör oder Ladungsgütern.

[3]) Die Ziff. 2 betrifft die Leichterung, welche nicht im regelmäßigen Verlaufe der Reise, also nicht lediglich zur Fortsetzung der Reise bei niedrigem Wasserstande (§ 65), sondern zur Abwendung einer Gefahr für Schiff und Ladung vorgenommen wird. (Begr. S. 107.)

[4]) Die Ziff. 3 betrifft das absichtliche Festfahren und das Versenken des Schiffes unter Hervorhebung des Zweckes dieser Maßregeln in den praktisch erheblichsten Fällen, ohne dadurch den Fällen präjudiziren zu wollen, in welchen die Maßregeln anderen Zwecken dienen und doch den allgemeinen Voraussetzungen der großen Haverei entsprechen. (Begr. S. 107.)

[5]) Der Abs. 2 soll verhüten, daß Schiffe, die schon vorher untauglich waren, mißbräuchlich unter dem Vorwande der Errettung aus einer Gefahr auf den Strand gesetzt oder versenkt werden, um demnächst von den Ladungsbetheiligten Ersatz in großer Haverei zu erlangen. Die Reparaturunfähigkeit ist nicht wie im Art. 444 Abs. 1 gesetzlich definirt, sondern es ist dem Ermessen des Gerichts überlassen, für den betreffenden Fall festzustellen, ob das Fahrzeug wieder in brauchbaren Zustand gesetzt werden kann oder ob die Reparatur, sei es völlig unmöglich, sei es wegen des unverhältnißmäßigen Kostenaufwandes, als ausgeschlossen anzusehen ist (Begr. S. 107.)

[6]) Der Abs. 3 bestimmt — abweichend von Abs. 4 des Art. 708 H.G.B. — nichts über den Fall, wenn das Schiff durch einen Unfall gestrandet ist; trotzdem können, wenn die Lage des festgefahrenen Schiffes eine Gefährdung des Schiffes und der Ladung zur Folge hat, die Voraussetzungen für die Berechnung der Kosten und Schäden des Abbringens nach der allgemeinen Vorschrift des § 78 vorliegen. (Begr. S. 108). Dagegen regelt der Abs. 3 den Fall, wenn das Schiff durch einen Unfall gesunken ist, weil dann in der Regel die Hebung des Schiffes und der Ladung möglich sein wird, und die Fortdauer des eingetretenen Zustandes beide gefährdet; es sollen deshalb in einem solchen Falle die zur gemeinsamen Hebung von Schiff und Ladung verwendeten Kosten sowie die zu diesem Zwecke dem Schiffe oder der Ladung absichtlich zugefügten Schäden zur großen Haverei gehören.

[7]) Die Ziff. 4 betrifft die Zuziehung von Hülfsmannschaften oder Schleppdampfern zur Abwendung einer unmittelbar für Schiff und Ladung, insbesondere durch Eisgang drohenden Gefahr. Der bloße Eintritt von Frostwetter und die hierdurch gegebene Möglichkeit eines gefährdenden Eisgangs ist nicht genügend. Auch eine Beschleunigung der Reise nur zu dem Zwecke, um der Ueberwinterung zu entgehen, begründet noch keine große Haverei. Die Voraussetzungen für eine solche sind dann erst gegeben, wenn die Zuziehung der Hülfe in Folge einer thatsächlich eingetretenen Eisgefahr zur Rettung von Schiff und Ladung geboten und diese ohne die fremde Hülfe nicht zu bewerkstelligen war. Auch in einem solchen Falle kann dem Anspruche des Schiffseigners auf Ersatz seiner Aufwendungen in großer Haverei der Einwand aus § 79 entgegenstehen, wenn der Schiffer durch zu langes Liegenbleiben im freien Strome die Gefahr selbst verschuldet hat. (Begr. S. 108.)

[8]) Die Ziff. 5 ist in der Kommission des Reichstags entstanden (Ber. S. 18) und trotz eines in der Plenarsitzung vom 25. April 1895 erhobenen Widerspruchs aufrecht erhalten. Sie betrifft die im Interesse von Schiff und Ladung aufgewendeten, durch das nothwendige Aufsuchen eines Winterhafens wegen Eintritt des Frostes entstandenen Kosten und Schäden. Nur die besonders in Ziff. 5 aufgeführten Kosten und Schäden sollen zur großen Haverei gehören, alle anderen im Winterhafen entstehenden aber dem Frachtführer zur Last bleiben.

§. 83.

Wird außer dem Falle des §. 82 Nr. 5 das Schiff genöthigt, die Reise zu unterbrechen und an einem Zwischenorte liegen zu bleiben, so gehören die durch den

Aufenthalt an diesem Orte entstehenden Kosten und Schäden nicht zur großen Haverei.[1])

Zu § 83.

[1]) a. Wenn das Schiff, außer dem Falle des im § 82 Ziff. 5 besonders regulirten Aufsuchens eines Zwischenhafens wegen Eintritt von Winterfrost, einen Nothhafen anlaufen muß, dann schließt der § 83 (gegen Art. 708 Ziff. 4 H.G.B.) zur Verhütung von Mißbräuchen die durch den Aufenthalt an diesem Orte entstehenden Kosten und Schäden (aber nur diese, nicht Kosten und Schäden, welche unter § 82 Ziff. 4 fallen) von der Berechnung in großer Haverei aus; dies gilt auch, wenn die Unterbrechung der Reise zur Rettung von Schiff und Ladung erfolgte, oder eine bereits vorhandene große Haverei die Unterbrechung der Reise und den Aufenthalt an dem Zwischenorte mittelbar nothwendig machte. (Begr. S. 110.)

b. Tritt während des Aufenthalts am Zwischenorte eine neue selbstständige Gefahr ein, die zur Rettung von Schiff und Ladung besondere Kosten und Schäden verursacht, z. B. wird durch plötzlichen Rückgang des Wasserstandes zu jenem Zwecke eine Leichterung nothwendig, so findet auf die hierdurch entstehenden Kosten und Schäden der § 83 keine Anwendung. (Begr. S. 110.)

§. 84.

Wenn durch die Auseinandersetzung unter den Betheiligten Kosten entstehen, so gehören auch diese Kosten zur großen Haverei. Dies gilt insbesondere von den Kosten für die Ermittelung der Schäden und für die Aufstellung der Rechnung über die große Haverei (Dispache).[1])

Zu § 84.

[1]) **Kosten der Auseinandersetzung.** Die Kosten der Auseinandersetzung unter den Betheiligten gehören zur großen Haverei, insbesondere die Kosten für die Ermittelung der Schäden und die Aufmachung der Havereirechnung (Dispache). Zu den ersteren sind auch die durch das Beweisverfahren nach den §§ 11—14 verursachten, durch die Verklarung entstandenen zu rechnen. (Begr. S. 110.)

§. 85.

In Bezug auf den Umfang und die Berechnung der für die große Haverei zu beanspruchenden Vergütungen und der für dieselbe zu leistenden Beiträge finden die auf die Seeschiffahrt bezüglichen Bestimmungen der Artikel 711 bis 722, 724 bis 726 des Handelsgesetzbuchs entsprechende Anwendung.[1]) Güter, welche sich zur Zeit des Havereifalles in einem Leichterfahrzeuge befunden haben (Handelsgesetzbuch Artikel 720), sind jedoch nur unter der Voraussetzung beitragspflichtig, daß sie sich mit dem Schiffe in Gefahr befunden haben.[2]) Auch findet bei der Ermittelung des von der Ladung zu leistenden Beitrags (Handelsgesetzbuch Artikel 721) ein Abzug des Zolles für gerettete Güter nur insoweit statt, als der Zoll noch nicht entrichtet ist.[3])

Bei der Schadensberechnung bleiben die Beschädigungen und Verluste außer Ansatz, welche betreffen:

1. diejenigen Güter, über die weder ein Frachtbrief oder Ladeschein ausgestellt ist, noch das Manifest oder Ladebuch Auskunft giebt;

2. die Kostbarkeiten, Gelder und Werthpapiere, welche dem Frachtführer nicht bezeichnet sind.[4])

Die Ausnahme unter Nr. 1 gilt nicht für den Hafenverkehr.[5])

Zu § 85.

[1]) a. Die im § 85 angezogenen Artikel 711—722, 724—726 H.G.B. lauten wie folgt:

Art. 711. Der an dem Schiff und dem Zubehör desselben entstandene, zur großen Haverei gehörige Schaden ist, wenn die Reparatur während der Reise erfolgt, am Ort der Ausbesserung und vor derselben, sonst an dem Ort, wo die Reise endet, durch Sachverständige zu ermitteln und zu schätzen. Die Taxe muß die Veranschlagung der erforderlichen Reparaturkosten enthalten. Sie ist, wenn während der Reise ausgebessert wird, für die Schadensberechnung insoweit maaßgebend, als nicht die Ausführungskosten unter den Anschlagssummen bleiben. War die Aufnahme einer Taxe nicht ausführbar, so entscheidet der Betrag der auf die erforderlichen Reparaturen wirklich verwendeten Kosten.

Insoweit die Ausbesserung während der Reise nicht geschieht, ist die Abschätzung für die Schadensberechnung ausschließlich maaßgebend.

Art. 712. Der nach Maaßgabe des vorstehenden Artikels ermittelte volle Betrag der Reparaturkosten bestimmt die zu leistende Vergütung, wenn das Schiff zur Zeit der Beschädigung noch nicht ein volles Jahr zu Wasser war.

Dasselbe gilt von der Vergütung für einzelne Theile des Schiffs, namentlich für die Metallhaut, sowie für einzelne Theile des Zubehörs, wenn solche Theile noch nicht ein volles Jahr in Gebrauch waren.

In den übrigen Fällen wird von dem vollen Betrage wegen des Unterschiedes zwischen alt und neu ein Drittel, bei den Ankerketten ein Sechstel, bei den Ankern jedoch nichts abgezogen.

Von dem vollen Betrage kommen ferner in Abzug der volle Erlös oder Werth der etwa noch vorhandenen alten Stücke, welche durch neue ersetzt sind oder zu ersetzen sind.

Findet ein solcher Abzug und zugleich der Abzug wegen des Unterschiedes zwischen alt und neu statt, so ist zuerst dieser letztere und sodann erst von dem verbleibenden Betrage der andere Abzug zu machen.

Art. 713. Die Vergütung für aufgeopferte Güter wird durch den Marktpreis bestimmt, welchen Güter derselben Art und Beschaffenheit am Bestimmungsort bei Beginn der Löschung des Schiffs haben.

In Ermangelung eines Marktpreises, oder insofern über denselben oder über dessen Anwendung, insbesondere mit Rücksicht auf die Qualität der Güter Zweifel bestehen, wird der Preis durch Sachverständige ermittelt.

Von dem Preise kommt in Abzug, was an Fracht, Zöllen und Unkosten in Folge des Verlustes der Güter erspart wird.

Zu den aufgeopferten Gütern gehören auch diejenigen, welche zur Deckung der großen Haverei verkauft worden sind (Art. 708 Ziff. 7).

Art. 714. Die Vergütung für Güter, welche eine zur großen Haverei gehörige Beschädigung erlitten haben, wird bestimmt durch den Unterschied zwischen dem durch Sachverständige zu ermittelnden Verkaufswerth, welchen die Güter im beschädigten Zustande am Bestimmungsorte bei Beginn der Löschung des Schiffs haben, und dem im vorstehenden Artikel bezeichneten Preise nach Abzug der Zölle und Unkosten, soweit sie in Folge der Beschädigung erspart sind.

Art. 715. Die vor, bei oder nach dem Havereifall entstandenen, zur großen Haverei nicht gehörenden Werthsverringerungen und Verluste sind bei Berechnung der Vergütung (Artikel 713, 714) in Abzug zu bringen.

Art. 716. Endet die Reise für Schiff und Ladung nicht im Bestimmungshafen, sondern an einem anderen Orte, so tritt dieser letztere, endet sie durch Verlust des Schiffs, so tritt der Ort, wohin die Ladung in Sicherheit gebracht ist, für die Ermittelung der Vergütung an die Stelle des Bestimmungsortes.

Art. 717. Die Vergütung für entgangene Fracht wird bestimmt durch den Frachtbetrag, welcher für die aufgeopferten Güter zu entrichten gewesen sein würde, wenn dieselben mit dem Schiff an dem Orte ihrer Bestimmung, oder wenn dieser von dem Schiff nicht erreicht wird, an dem Orte angelangt wären, wo die Reise endet.

Art. 718. Der gesammte Schaden, welcher die große Haverei bildet, wird über das Schiff, die Ladung und die Fracht nach Verhältniß des Werths und des Betrages derselben vertheilt.

Art. 719. Das Schiff nebst Zubehör trägt bei:

1) mit dem Werthe, welchen es in dem Zustande am Ende der Reise bei Beginn der Löschung hat;
2) mit dem als große Haverei in Rechnung kommenden Schaden an Schiff und Zubehör.

Von dem unter Ziffer 1 bezeichneten Werth ist der noch vorhandene Werth derjenigen Reparaturen und Anschaffungen abzuziehen, welche erst nach dem Havereifall erfolgt sind.

Art. 720. Die Ladung trägt bei:

1) mit den am Ende der Reise bei Beginn der Löschung noch vorhandenen Gütern, oder, wenn die Reise durch den Verlust des Schiffs endet (Artikel 716), mit den in Sicherheit gebrachten Gütern, soweit in beiden Fällen diese Güter sich zur Zeit des Havereifalls am Bord des Schiffs oder eines

Leichterfahrzeuges (Artikel 708 Ziff. 2) befunden haben;

2) mit den aufgeopferten Gütern (Artikel 713).

Art. 721. Bei Ermittelung des Beitrags kommt in Ansatz:

1) für die Güter, welche unversehrt sind, der Marktpreis oder der durch Sachverständige zu ermittelnde Preis (Artikel 713), welchen dieselben am Ende der Reise bei Beginn und am Orte der Löschung des Schiffs, oder, wenn die Reise durch Verlust des Schiffs endet (Artikel 716), zur Zeit und am Orte der Bergung haben, nach Abzug der Fracht, Zölle und sonstigen Unkosten;

2) für die Güter, welche während der Reise verdorben sind oder eine zur großen Haverei nicht gehörige Beschädigung erlitten haben, der durch Sachverständige zu ermittelnde Verkaufswerth (Artikel 714), welchen die Güter im beschädigten Zustande zu der unter Ziffer 1 erwähnten Zeit und an dem dort bezeichneten Orte haben, nach Abzug der Fracht, Zölle und sonstigen Unkosten;

3) für die Güter, welche aufgeopfert worden sind, der Betrag, welcher nach Artikel 713 für dieselben als große Haverei in Rechnung kommt;

4) für die Güter, welche eine zur großen Haverei gehörige Beschädigung erlitten haben, der nach der Bestimmung unter Ziffer 2 zu ermittelnde Werth, welchen die Güter im beschädigten Zustande haben, und der Werthsunterschied, welcher nach Artikel 714 für die Beschädigung als große Haverei in Rechnung kommt.

Art. 722. Sind Güter geworfen, so haben dieselben zu der gleichzeitigen oder einer späteren großen Haverei im Fall ihrer Bergung nur dann beizutragen, wenn der Eigenthümer eine Vergütung verlangt.

Art. 724. Haftet auf einem beitragspflichtigen Gegenstand eine, in einem späteren Nothfalle sich gründende Forderung, so trägt der Gegenstand nur mit seinem Werthe nach Abzug dieser Forderung bei.

Art. 725. Zur großen Haverei tragen nicht bei:

1) die Kriegs- und Mundvorräthe des Schiffs;
2) die Heuer und Effekten der Schiffsbesatzung;
3) die Reise-Effekten der Reisenden.

Sind Vorräthe oder Effekten dieser Art aufgeopfert oder haben sie eine zur großen Haverei gehörige Beschädigung erlitten, so wird für dieselben nach Maaßgabe der Artikel 713 bis 717 Vergütung gewährt; für Effekten, welche in Kostbarkeiten, Geldern und Werthpapieren bestehen, wird jedoch nur dann Vergütung gewährt, wenn dieselben dem Schiffer gehörig bezeichnet sind (Artikel 608). Vorräthe und Effekten, für welche eine Vergütung gewährt wird, tragen mit dem Werth oder dem Werthsunterschied bei, welcher als große Haverei in Rechnung kommt.

Die im Artikel 710 erwähnten Gegenstände sind beitragspflichtig, soweit sie gerettet sind.

Die Bodmereigelder sind nicht beitragspflichtig.

Art. 726. Wenn nach dem Havereifall und bis zum Beginn der Löschung am Ende der Reise ein beitragspflichtiger Gegenstand ganz verloren geht (Artikel 706), oder zum Theil verloren geht oder im Werthe verringert wird, wohin insbesondere der Fall des Artikels 724 gehört, so tritt eine verhältnißmäßige Erhöhung der von den übrigen Gegenständen zu entrichtenden Beiträge ein.

Ist erst nach Beginn der Löschung der Verlust oder die Werthsverringerung erfolgt, so geht der Beitrag, welcher auf den Gegenstand fällt, soweit dieser zur Berichtigung desselben unzureichend geworden ist, den Vergütungsberechtigten verloren.

b. Die Art. 711—717 H.G.B. handeln von dem Umfang und der Berechnung der in großer Haverei zu berechnenden Vergütungen, die Art. 718—726 desselben von den hierbei zu leistenden Beiträgen; der im § 85 nicht angezogene Art. 723 betrifft den Beitrag, welchen die Frachtgelder zu leisten haben, und mußte fortbleiben, weil nach § 78 Abs. 2 die Fracht, abweichend vom Seerecht, bei der Haverei in der Binnenschiffahrt nicht beitragspflichtig ist (Komm.Ber. S. 18).

²) Abweichend von Art. 720 Ziff. 1 H.G.B. erklärt der § 85 die in Leichterfahrzeuge umgeladenen Güter nicht allgemein, sondern nur dann für beitragspflichtig, wenn sie sich mit dem Schiffe selbst in Gefahr befunden haben (Begr. S. 111).

³) Der § 85 weicht auch von dem Art. 721 H.G.B. ab. Der letztere bestimmt, daß bei der Bemessung des Werths der beitragspflichtigen Güter stets der Zoll in Abrechnung zu bringen ist, und beruht auf der Erwägung, daß im Falle des Uebergangs des Gutes der Zoll erspart worden wäre und deshalb nicht als gerettet betrachtet werden kann. Diese Erwägung trifft bei der Binnenschiffahrt nur zu, wenn der Zoll nicht bereits bei Ueberschreitung der Landesgrenze entrichtet ist (Begr. S. 111).

⁴) Die in Abs. 2 getroffene Bestimmung entspricht dem Art. 710 Ziff. 2 u. 3 H.G.B. Die dort in Ziff. 1 enthaltene Vorschrift, daß die nicht unter Deck geladenen Güter nicht beitragspflichtig sind, ist dagegen nicht für die Binnenschiffahrt übernommen, und daher haben solche Güter beizutragen (Begr. S. 112).

⁵) Die für den Hafenverkehr getroffene Bestimmung war erforderlich, weil bei dieser Art der Güterbeförderung weder Frachtbriefe oder Ladescheine ausgestellt noch Manifeste oder Ladebücher geführt zu werden pflegen (Begr. S. 112).

§. 86.

Die Vertheilung der Schäden erfolgt an dem Orte, wo die Reise endet.[1])

Zu § 86.

[1]) **Dispache.** Der Art. 729 H.G.B. sagt, daß die Feststellung und Vertheilung der Schäden (die Dispache) an dem Bestimmungsorte, und wenn dieser nicht erreicht wird, in dem Hafen erfolgt, wo die Reise endet. Der § 86 bestimmt abweichend hiervon, daß die Vertheilung der Schäden an dem Orte erfolgt, wo die Reise endet. In der Kommission (Ber. S. 18) wurde entsprechend der Begründung des Entwurfes (S. 112) konstatirt, daß hiermit nicht bestimmt werden solle, die Dispache müsse unbedingt an dem Orte erfolgen, wo die Reise endet d. h. wo das letzte Gut der havarirten Ladung das Schiff verläßt; es solle vielmehr nur der örtliche Endpunkt der Schäden bezeichnet werden und der Schiffer könne schon an einem Zwischenorte die Aufstellung machen.

§. 87.

Die Dispache ist von dem Schiffer unverzüglich aufzustellen.

Derselbe ist berechtigt und auf Verlangen eines Betheiligten verpflichtet, die Aufstellung einem Sachverständigen (Dispacheur) zu übertragen. In Ermangelung eines für Havereifälle bei der Binnen- oder Seeschiffahrt ein für allemal bestellten Dispacheurs hat auf Antrag das Amtsgericht eine geeignete Person als Dispacheur besonders zu bestellen.[1])

Jeder Betheiligte ist verpflichtet, die zur Aufstellung der Dispache erforderlichen Urkunden, soweit er sie zu seiner Verfügung hat, insbesondere Frachtbriefe, Ladescheine und Fakturen, dem Schiffer oder Dispacheur mitzutheilen.[2])

Den Landesgesetzen bleibt vorbehalten, über das Verfahren bei Aufstellung der Dispache und über die Ausführung derselben Bestimmungen zu treffen.[3])

Zu § 87.

[1]) Nach Art. 731 H.G.B. wird die Dispache immer durch die ein für allemal bestellten oder in deren Ermangelung durch die vom Gericht besonders ernannten Personen (Dispacheure) aufgemacht. Die Abs. 1 und 2 des § 87 ändern dies dahin, daß der Schiffer die Dispache aufzustellen hat, daß er jedoch befugt und auf Verlangen eines Betheiligten verpflichtet ist, sie durch einen Dispacheur machen zu lassen. Ist kein solcher ein- für allemal für Havereifälle bei der Binnen- oder Seeschiffahrt bestellt, dann hat das Amtsgericht des Orts, wo sie aufgemacht werden soll, eine hierzu geeignete Person besonders zu bestellen.

[2]) Der Abs. 3 schließt sich im Wesentlichen dem Abs. 2 des Art. 731 H.G.B. an.

[3]) Der Abs. 4 entspricht dem Abs. 3 des Art. 731 H.G.B., zu dessen Ausführung für Preußen der Art. 57 Pr.Einf.G. zum H.G.B. und § 29 Pr.Einf.G. zur C.P.O. ergangen sind. Im vorliegenden Gesetze sind die Wirkungen der Dispache, ob sie nur als Gutachten oder nach einer gerichtlichen Bestätigung als Titel zur Zwangsvollstreckung gilt, nicht bestimmt.

§. 88.

Wird die Aufstellung der Dispache verzögert, so ist jeder Betheiligte, unbeschadet seines Anspruchs auf

Ersatz des durch die Verzögerung entstandeneu Schadens, befugt, die Aufstellung der Dispache durch einen Dispacheur selbst zu veranlassen und zu betreiben.[1])

Zu § 88.

[1]) Der § 88 entspricht dem Abs. 2 des Art. 730.

§. 89.

Die Vergütungsberechtigten haben wegen der von dem Schiffe zu entrichtenden Beiträge die Rechte von Schiffsgläubigern (§§. 102 bis 116).

Auch in Ansehung der beitragspflichtigen Güter steht den Vergütungsberechtigten an den einzelnen Gütern wegen des von diesen zu entrichtenden Beitrags ein Pfandrecht mit den im §. 41 der Konkursordnung bezeichneten Wirkungen zu. Das Pfandrecht kann jedoch nach der Auslieferung der Güter nicht zum Nachtheile des dritten Erwerbers, welcher den Besitz in gutem Glauben erlangt hat, geltend gemacht werden.[1])

Das an den beitragspflichtigen Gütern den Vergütungsberechtigten zustehende Pfandrecht wird für sämmtliche Berechtigte durch den Frachtführer ausgeübt. Die Geltendmachung des Pfandrechts durch den Frachtführer erfolgt, sofern ein vollstreckbarer Titel nicht vorhanden ist, unter entsprechender Anwendung der Vorschriften im Artikel 409 Absatz 2, 3 des Handelsgesetzbuchs.[2])

Zu § 89.

[1]) Die Abs. 1 und 2 entsprechen dem Art. 727 H.G.B. und gewähren dem Vergütungsberechtigten am Schiffe (§ 103) und an den Gütern (§ 89 Abs. 2) ein Pfandrecht, und zwar an den letzteren mit den Wirkungen eines Absonderungsrechts im Konkurse (§ 41 K.O.), doch kann das Pfandrecht zum Nachtheil des dritten bona fide-Erwerbers der Güter nicht geltend gemacht werden. Hat der Dritte mit Kenntniß der Beitragspflicht die Güter angenommen, so findet der Abs. 2 des § 90 Anwendung.

[2]) Der erste Satz des Abs. 3 entspricht dem Art. 733 Abs. 3 H.G.B.; er bezieht sich auf die Geltendmachung des Pfandrechts an den Ladungsgütern durch den Frachtführer nicht blos hinsichtlich der ihm selbst gebührenden Vergütungen, sondern auch hinsichtlich derjenigen Entschädigungen, welche für die von anderen Ladungsbetheiligten gebrachten Opfer zu leisten sind. Sobald nicht ein vollstreckbarer Titel (§ 103 Abs. 3) vorhanden ist, der in einer bestätigten Dispache nach den Landesgesetzen vorliegen kann (§ 87 Abs. 4), wird das Pfandrecht gemäß Abs. 2 und 3 des Art. 409 H.G.B. geltend gemacht, nach welchen der Verkauf des Frachtguts von dem Gerichte auch ohne Klage nach Anhörung des Gegners (nothwendig, wenn er am Orte anwesend ist, fakultativ, wenn er es nicht ist, R.O.H. Bd. 17 S. 181) angeordnet werden kann. Ist die Beitragspflicht nicht alsbald klar zu stellen, so kann das Gericht die Anordnung des Verkaufs ablehnen und die Betheiligten auf den Prozeßweg verweisen (Begr. S. 114).

§. 90.

Eine persönliche Verpflichtung zur Entrichtung des Beitrags wird durch den Havereifall nicht begründet.

Der Empfänger beitragspflichtiger Güter wird jedoch,

wenn ihm bei der Annahme der Güter bekannt ist, daß davon ein Beitrag zu entrichten sei, für den letzteren insoweit persönlich verpflichtet, als der Beitrag, falls die Auslieferung nicht erfolgt wäre, aus den Gütern hätte geleistet werden können.[1])

Zu § 90.

[1]) Die Verbindlichkeit der zur Beitragsleistung Verpflichteten kann nicht weiter gehen als bis zum Werthe der durch die Havereimaßregel für sie geretteten Gegenstände, denn die Gefahr, durch deren Abwendung die Beitragspflicht begründet wurde, hätte schlimmstenfalls zum Verluste dieses Werths geführt. Die Verbindlichkeit ist an sich eine dingliche, an dem geretteten Schiffe oder Gute haftende; sie wird jedoch gegenüber einem Dritten, welchem das Gut vor Leistung des Beitrags ausgeliefert worden, zu einer persönlichen, auf den Beitrag, welcher von dem Ausgelieferten zu leisten und aus diesem zu erlangen gewesen wäre, beschränkten Verpflichtung, wenn er das Gut mit Kenntniß von der Beitragspflicht erhalten hat. Diese Bestimmung entspricht dem Art. 728 H.G.B.

§. 91.

Der Schiffer darf Güter, auf welchen Havereibeiträge haften, vor deren Berichtigung oder Sicherstellung nicht ausliefern, widrigenfalls er für die Beiträge insoweit verantwortlich wird, als diese, falls die Auslieferung nicht erfolgt wäre, aus den Gütern hätten geleistet werden können.[1])

Gegen Hinterlegung des beanspruchten Beitrags bei Gericht oder bei einer anderen öffentlichen Hinterlegungsstelle hat die Auslieferung der Güter zu erfolgen.

Wird diese Hinterlegung verzögert, so ist der Schiffer berechtigt, die Güter in einem öffentlichen Lagerhause oder in anderer sicherer Weise niederzulegen.[2])

Zu § 91.

[1]) a. Der § 90 des Entwurfs hatte entsprechend dem Art. 732 H.G.B. die Bestimmung vorgeschlagen: „Für die von dem Schiffe zu leistenden Beiträge ist den Ladungsbetheiligten Sicherheit zu bestellen, bevor das Schiff den Ort verlassen darf, wo nach § 85 (des Entwurfs, § 86 des G.) die Vertheilung der Schäden erfolgen muß". Die Kommission (Ber. S. 19) strich jedoch diese Bestimmung als bei der Binnenschiffahrt entbehrlich und den Frachtführer zu sehr belästigend.

b. Der § 91 Abs. 1 entspricht dem Art. 733 Abs. 1 H.G.B. Die persönliche Verantwortlichkeit des Schiffers, der beitragspflichtige Güter vor Berichtigung oder Sicherstellung der Beiträge ausliefert, entspricht den allgemeinen Grundsätzen über die Haftung des Schiffers für sorgfältige Ausführung seiner Dienstobliegenheiten. Den durch die Auslieferung geschädigten Ladungsbetheiligten, welche auf Beiträge aus den Gütern angewiesen waren, haftet gegebenen Falles auch der Schiffseigener nach den §§ 3, 4 Ziff. 3. Aus § 7 Abs. 3 ergiebt sich, daß er auch persönlich d. h. nicht blos mit Schiff und Fracht haftet, wenn die Auslieferung auf seine Anordnung geschehen ist. Deshalb ist der entsprechende Art. 733 Abs. 2 H.G.B. nicht noch besonders übernommen (Begr. S. 115).

[2]) Die Abs. 2 und 3 bestimmen den Ort der Hinterlegung des beanspruchten Beitrags, durch welche das Verlangen der Auslieferung begründet werden soll, und den Ort der Hinterlegung der Güter, wenn der Frachtführer sich von der Verwahrung befreien will und die Hinterlegung der Beiträge verzögert wird (Komm.Ber. S. 115).

Sechster Abschnitt.

Zusammenstoß von Schiffen, Bergung und Hülfeleistung.

§. 92.

In Bezug auf die Schadensersatzpflicht beim Zusammenstoße von Schiffen auf Flüssen oder sonstigen Binnengewässern finden die Vorschriften der Artikel 736 bis 741 des Handelsgesetzbuchs mit der Maßgabe entsprechende Anwendung, daß an die Stelle des Rheders der Schiffseigner tritt.[1])

Zu § 92.

[1]) **Schiffskollision.** a. Die angeführten Art. 736 bis 741 H.G.B. lauten wie folgt:

Zweiter Abschnitt.

Schaden durch Zusammenstoß von Schiffen.

Art. 736. Wenn zwei Schiffe zusammenstoßen und entweder auf einer oder auf beiden Seiten durch den Stoß Schiff oder Ladung allein, oder Schiff und Ladung beschädigt werden oder ganz verloren gehen, so ist, falls eine Person der Besatzung des einen Schiffs durch ihr Verschulden den Zusammenstoß herbeigeführt hat, der Rheder dieses Schiffs nach Maaßgabe der Artikel 451 und 452 verpflichtet, den durch den Zusammenstoß dem anderen Schiff und dessen Ladung zugefügten Schaden zu ersetzen.

Die Eigenthümer der Ladung beider Schiffe sind zum Ersatze des Schadens beizutragen nicht verpflichtet.

Die persönliche Verpflichtung der zur Schiffsbesatzung gehörigen Personen, für die Folgen ihres Verschuldens aufzukommen, wird durch diesen Artikel nicht berührt.

Art. 737. Fällt keiner Person der Besatzung des einen oder des anderen Schiffs ein Verschulden zur Last, oder ist der Zusammenstoß durch beiderseitiges Verschulden herbeigeführt, so findet ein Anspruch auf Ersatz des dem einen oder anderen oder beiden Schiffen zugefügten Schadens nicht statt.

Art. 738. Die beiden vorstehenden Artikel kommen zur Anwendung ohne Unterschied, ob beide Schiffe, oder das eine oder das andere sich in der Fahrt oder im Treiben befinden, oder vor Anker oder am Lande befestigt liegen.

Art. 739. Ist ein durch den Zusammenstoß beschädigtes Schiff gesunken, bevor es einen Hafen erreichen konnte, so wird vermuthet, daß der Untergang des Schiffs eine Folge des Zusammenstoßes war.

Art. 740. Wenn sich das Schiff unter der Führung eines Zwangslootsen befunden hat und die zur Schiffsbesatzung gehörigen Personen die ihnen obliegenden Pflichten erfüllt haben, so ist der Rheder des Schiffs von der Verantwortung für den Schaden frei, welcher durch den von dem Lootsen verschuldeten Zusammenstoß entstanden ist.

Art. 741. Die Vorschriften dieses Abschnitts kommen auch dann zur Anwendung, wenn mehr als zwei Schiffe zusammenstoßen.

Ist in einem solchen Falle der Zusammenstoß durch eine Person der Besatzung des einen Schiffs verschuldet, so haftet der Rheder des letzteren auch für den Schaden, welcher daraus entsteht, daß durch den Zusammenstoß dieses Schiffs mit einem anderen der Zusammenstoß dieses anderen Schiffs mit einem dritten verursacht ist.

b. Die Forderungen aus dem Zusammenstoße von Schiffen verjähren nach den §§ 118, 119 ein Jahr nach dem Schlusse des Kalenderjahres, in welchem sie fällig geworden sind.

§. 93.[1])

Wird ein in Gefahr befindliches, von der Schiffsbesatzung verlassenes Schiff, oder wird aus einem solchen, vom Untergange unmittelbar bedrohten Schiffe die Ladung ganz oder theilweise geborgen, so hat der Berger Anspruch auf Bergelohn.

Wird außer den bezeichneten Fällen ein Schiff oder dessen Ladung aus einer Schiffahrtsgefahr durch die Hülfe dritter Personen gerettet, so haben diese Anspruch auf Hülfslohn.

Der Besatzung des Schiffes steht ein Anspruch auf Berge- oder Hülfslohn nicht zu.[2])

Zu § 93.

[1]) Die §§ 93—100 schließen sich im Großen und Ganzen den Art. 742—756 H.G.B. an, jedoch unter Fortlassung der auf die Binnenschiffahrt nicht passenden Bestimmungen.

[2]) **Bergung und Hülfeleistung.** a. Der § 93 unterscheidet wie Art. 742 H.G.B. zwischen Bergung und Hülfeleistung. Die erstere umfaßt ausschließlich die Fälle, in welchen der gerettete Gegenstand (Schiff oder Ladung) der thatsächlichen Verfügungsgewalt der Schiffsbesatzung entzogen war und von dem Berger selbst in Besitz genommen und in Sicherheit gebracht ist. Alle sonstigen Arten der Beistandsgewährung durch dritte Personen zur Rettung von Schiff oder Ladung, fallen unter den Begriff der Hülfeleistung. Der Anspruch auf Bergelohn ist jedoch enger als im Seerecht begrenzt, um zu verhindern, daß Schiffe oder Ladungsgüter, welche von der Besatzung unbeaufsichtigt gelassen sind, unter dem Vorwande der Bergung von Unbefugten ohne Noth in

Besitz genommen werden, um Bergelohn zu beanspruchen. Der Anspruch ist deshalb nur anerkannt, wenn entweder das Schiff selbst oder aus demselben die Ladung ganz oder theilweise geborgen ist, in jedem dieser Fälle das Schiff von der Besatzung verlassen war und, falls die Ladung gerettet ist, wenn außerdem das Schiff vom Untergange unmittelbar bedroht war (Begr. S. 116).

b. In Bezug auf Schiffstheile oder Güter, welche auf dem Wasser treiben oder an das Ufer gespült sind (§§ 20, 21 Strandungsordnung vom 17. Mai 1874, R.G.Bl. S. 73) und von hier aus in Sicherheit gebracht werden, ist ein Bergelohn nicht anerkannt; es bewendet also hinsichtlich solcher Gegenstände bei den Bestimmungen des bürgerlichen Rechts über gefundene Sachen (Begr. S. 117).

§. 94.

In Ermangelung einer Vereinbarung wird die Höhe des Berge- oder Hülfslohnes unter Berücksichtigung der Umstände des Falles durch das Gericht nach billigem Ermessen festgesetzt.

Der Berge- und Hülfslohn umfaßt zugleich die Vergütung für die Aufwendungen, welche zum Zweck des Bergens und Rettens geschehen sind.

Nicht darin enthalten sind die Kosten und Gebühren der Behörden, die Kosten für die Aufbewahrung, Erhaltung, Abschätzung und Veräußerung der geborgenen oder geretteten Gegenstände, sowie die auf diesen ruhenden Zölle und sonstigen Abgaben.

Bei der Bestimmung des Betrages des Berge- oder Hülfslohnes kommen insbesondere in Anschlag: der bewiesene Eifer, die verwendete Zeit, die geleisteten Dienste, die geschehenen Aufwendungen, die Zahl der thätig gewesenen Personen, die Gefahr, welcher dieselben ihre Person, ihre Fahrzeuge oder ihre Geräthe ausgesetzt haben, sowie die Gefahr, welche den geborgenen oder geretteten Gegenständen gedroht hat, und der nach Abzug der Kosten (Absatz 3) verbliebene Werth derselben.[1])

Zu § 94.

[1]) Der Abs. 1 entspricht dem Art. 744 H.G.B., dagegen ist der Art. 743 nicht übernommen, welcher ein richterliches Ermäßigungsrecht für den Fall statuirt, daß noch während der Gefahr ein Vertrag über die Höhe des Berge- oder Hülfslohnes geschlossen ist. Ein solcher Vertrag ist also wegen erheblichen Uebermaßes der zugesicherten Vergütung bei der Binnenschiffahrt nicht reduzirbar, und gewährt, wenn ein Anspruch auf Berge- oder Hülfslohn nach dem Gesetze nicht begründet war, nicht die Rechte eines solchen, namentlich nicht das damit nach § 97 verbundene Pfandrecht (Begr. S. 117). Ebensowenig sind die Art. 747—749 übernommen, welche die Festsetzung des Berge- oder Hülfslohnes in einer Quote des Werths der geborgenen oder geretteten Gegenstände ohne übereinstimmenden Antrag der Parteien verbieten und Bestimmungen enthalten über den Einfluß des Werths der geretteten Gegenstände auf den Berge- und Hülfslohn und über deren Verhältniß zu einander. — Die Abs. 2 und 3 entsprechen dem Art. 745 H.G.B. und der Abs. 4 dem Art. 746 desselben.

§. 95.

Haben sich mehrere Personen an der Bergung oder Hülfeleistung betheiligt, so wird der Berge- oder

Hülfslohn unter dieselben nach Maßgabe der persönlichen und sachlichen Leistungen der Einzelnen vertheilt.

Zur entsprechenden Theilnahme sind auch diejenigen berechtigt, welche sich in derselben Gefahr der Rettung von Menschen unterzogen haben.[1])

Wird ein Schiff oder dessen Ladung von einem anderen Schiffe geborgen oder gerettet, so hat der Schiffseigner des letzteren einen angemessenen Theil des Berge- oder Hülfslohnes zu beanspruchen.[2])

Zu § 95.

[1]) Die Abs. 1 und 2 des § 95 entsprechen dem Art. 750 H.G.B.

[2]) Der Abs. 3 handelt wie Art. 751 H.G.B. von dem Falle, wenn ein Schiff oder dessen Ladung von einem anderen Schiffe geborgen wird, läßt dann aber abweichend von demselben die Vertheilung des Berge- oder Hülfslohns unter mehrere Personen nach den allgemeinen Grundsätzen (Abs. 1 und 2) erfolgen, und bestimmt nur, daß auch der Schiffseigner einen angemessenen Theil zu beanspruchen hat (Begr. S. 117).

§. 96.

Auf Berge- und Hülfslohn hat keinen Anspruch:

1. wer seine Dienste aufgedrungen, insbesondere wer ohne Erlaubniß des anwesenden Schiffers das Schiff betreten hat;
2. wer von den geborgenen Gegenständen dem Schiffer, dem Eigenthümer oder der zuständigen Behörde nicht sofort Anzeige gemacht hat.[1])

Zu § 96.

[1]) Der § 96 entspricht dem Art. 752 H.G.B. und hat den Zweck, der Einmischung unbefugter Personen in das Rettungswerk und dem Versuche der Veruntreuung geborgener Gegenstände vorzubeugen (Begr. S. 117).

§. 97.[1])

Wegen der Bergungs- und Hülfskosten, einschließlich des Berge- und Hülfslohnes, stehen dem Gläubiger im Falle der Rettung des Schiffes die Rechte der Schiffsgläubiger (§§. 102 bis 116) und im Falle der Rettung von Gütern ein Pfandrecht an diesen mit den im §. 41 der Konkursordnung bezeichneten Wirkungen zu. Geborgene Gegenstände können bis zur Sicherheitsleistung zurückbehalten werden.

Die Pfandklage kann hinsichtlich des Schiffes und der Fracht und, solange die Ladungsgüter noch nicht ausgeliefert sind, auch hinsichtlich dieser gegen den Schiffer gerichtet werden. Zuständig ist das Gericht, in dessen Bezirk die Bergung oder Hülfeleistung stattgefunden hat.[2])

Zu § 97.

[1]) Die §§ 97—100 regeln im Anschluß an die §§ 88 bis 91 und die Art. 753—755 H.G.B. das gesetzliche Pfandrecht für die Bergungs- und Hülfskosten (§§ 97 und 98) und die auf die geretteten Gegenstände beschränkte Haftung der Leistungspflichtigen (§§ 99, 100).

[2]) a. Die Geltendmachung des Pfandrechts kann nur mittelst der Zwangsvollstreckung, also auf Grund eines

vollstreckbaren Titels erfolgen (§ 103 Abs. 3), der regelmäßig im Wege der Klage zu erwirken ist. Zur Vereinfachung ist bestimmt, daß dieselbe hinsichtlich des Schiffs und der Fracht, und so lange die Ladungsgüter noch nicht ausgeliefert sind, auch hinsichtlich dieser gegen den Schiffer als Vertreter der Ladungsbetheiligten gerichtet werden kann, um die gesonderten Klagen gegen den Eigenthümer des Schiffs und gegen die Eigenthümer der geretteten Ladungsgüter entbehrlich zu machen. Zugleich ist ein bestimmtes Gericht für diese Klage als zuständig bezeichnet. Sind die Güter ausgeliefert, so kann die Pfandklage nur noch gegen den Empfänger der haftpflichtigen Güter und die Regreßklage gegen den Schiffer (§ 99) im sonst zulässigen Gerichtsstande erhoben werden (Begr. S. 118).

b. Das Pfandrecht besteht wegen des ganzen Anspruchs des Berechtigten an jedem einzelnen der durch die Bergung oder Hülfsleistung geretteten Gegenstände und kann ohne Rücksicht auf die gleichzeitige Haftung anderer Gegenstände geltend gemacht werden. Die Vertheilung der Kosten unter den Eigenthümern der geretteten Gegenstände findet im Falle der großen Haverei nach den für diese geltenden Bestimmungen statt; in anderen Fällen, insbesondere wenn es sich nur um Rettung einer mehreren Absendern oder Empfängern gehörenden Ladung handelt, wird die Vertheilung nach dem Werthe der geretteten Güter stattzufinden haben (Begr. S. 118).

§. 98.

Nach Auslieferung der Güter kann das Pfandrecht nicht zum Nachtheile eines dritten Erwerbers geltend gemacht werden, welcher den Besitz der geborgenen oder geretteten Güter in gutem Glauben erlangt hat.[1])

Zu § 98.

[1]) Vgl. den entsprechenden § 88 Abs. 2 Satz 2.

§. 99.

Der Schiffer darf die Güter vor Befriedigung oder Sicherstellung des Gläubigers nicht ausliefern, widrigenfalls er dem Gläubiger insoweit verantwortlich wird, als dieser, wenn die Auslieferung nicht bewirkt wäre, aus den Gütern hätte befriedigt werden können.

Hat der Schiffseigner die Auslieferung der Güter angeordnet, so finden die Vorschriften im §. 7 Absatz 2, 3 Anwendung.[1])

Zu § 99.

[1]) Vgl. den entsprechenden § 91 Abs. 1.

§. 100.

Eine persönliche Verpflichtung zur Entrichtung der Bergungs- und Hülfskosten wird durch die Bergung oder Rettung nicht begründet.

Der Empfänger von Gütern wird jedoch, wenn ihm bei der Annahme bekannt ist, daß davon Bergungs- oder Hülfskosten zu berichtigen sind, für diese Kosten insoweit persönlich verpflichtet, als sie, falls die Auslieferung nicht erfolgt wäre, aus den Gütern hätten berichtigt werden können.

Sind noch andere Gegenstände gemeinschaftlich mit den ausgelieferten Gütern geborgen oder gerettet, so geht die persönliche Haftung des Empfängers nicht über den Betrag hinaus, welcher bei Vertheilung der Kosten über sämmtliche Gegenstände auf die ausgelieferten Güter fällt.[1])

Zu § 100.

[1]) Vgl. den entsprechenden § 90.

§. 101.

Für die der See zunächst gelegenen Binnengewässer können durch Verordnung der Landesregierungen hinsichtlich des Verfahrens bei der Bergung und Hülfeleistung und hinsichtlich der zuständigen Behörden, sowie hinsichtlich der Behandlung der geborgenen Gegenstände und der Festsetzung der Bergungs- und Hülfskosten die für die Seeschiffahrt geltenden Vorschriften für anwendbar erklärt werden.[1])

Zu § 101.

[1]) Der § 101 will verhindern, daß in den der See zunächst gelegenen Binnengewässern verschiedene Bestimmungen über die im § 101 bezeichneten Materien zur Anwendung kommen, je nachdem es sich um See- oder Binnenschiffe handelt, da dies zu Kollisionen führen kann. Es sollen deshalb insoweit die Landesregierungen befugt sein, durch Verordnung die betreffenden, für die Seeschiffahrt geltenden Bestimmungen auch für die Binnenschiffahrt in jenen Gewässern für verwendbar zu erklären (Begr. S. 116, 118).

Siebenter Abschnitt.

Schiffsgläubiger.[1])

§. 102.[2])

Die nachstehenden Forderungen gewähren die Rechte eines Schiffsgläubigers:

1. die öffentlichen Schiffs- und Schiffahrtsabgaben, insbesondere die Brücken-, Schleusen-, Kanal- und Hafengelder;[3])
2. die aus den Dienstverträgen herrührenden Forderungen der Schiffsbesatzung;[4])
3. die Lootsengelder, sowie die Bergungs- und Hülfskosten, einschließlich des Berge- und Hülfslohnes;

   die Beiträge des Schiffes zur großen Haverei;

   die Forderungen aus Geschäften, welche der Schiffer außerhalb der im §. 15 bezeichneten Orte zur Abwendung einer dringenden Gefahr von Schiff oder Ladung geschlossen hat, auch wenn der Schiffer Eigenthümer oder Miteigenthümer des Schiffes ist;[5])
4. die Forderungen wegen Nichtablieferung oder Beschädigung der Ladungsgüter und des im §. 77 bezeichneten Reisegepäcks;[6])
5. die nicht unter eine der vorigen Nummern fallenden Forderungen aus Rechtsgeschäften, welche der Schiffer als solcher kraft seiner gesetz-

lichen Befugnisse (§§. 15, 16) und nicht mit Bezug auf eine Vollmacht geschlossen hat, sowie die nicht unter eine der vorigen Nummern fallenden Forderungen wegen Nichterfüllung oder wegen unvollständiger oder mangelhafter Erfüllung eines von dem Schiffseigner geschlossenen Vertrages, insofern dessen Ausführung zu den Dienstobliegenheiten des Schiffers gehört hat (§. 4 Nr. 2);

die Forderungen aus dem Verschulden einer Person der Schiffsbesatzung (§. 3, §. 4 Nr. 3), auch wenn dieselbe Eigenthümer oder Miteigenthümer des Schiffes ist;[7])

6. die Forderungen, welche der Berufsgenossenschaft aus den Gesetzen über die Unfallversicherung, sowie den Gemeinden und Krankenkassen nach den Gesetzen über die Krankenversicherung gegen den Schiffseigner zustehen.[8])

Zu § 102.

[1]) **Schiffsgläubiger.** Die Vorschriften des G. über die Schiffsgläubiger (§§ 102—117) schließen sich sowohl was die einzelnen Kategorien der Schiffsgläubiger, als auch was den Umfang, das Rangverhältniß und das Erlöschen ihres Pfandrechts betrifft, im Großen und Ganzen den Bestimmungen des H.G.B. Art. 757 ff. an. Als Schiffsgläubiger anerkannt sind nicht nur diejenigen, welchen der Schiffseigner mit Schiff und Fracht haftet, sondern auch einige andere Forderungsberechtigte (Begr. S. 119).

[2]) Der Art. 757 H.G.B. beginnt mit der Bestimmung:

Die nachbenannten Forderungen gewähren die Rechte eines Schiffsgläubigers:

1) die Kosten des Zwangsverkaufs des Schiffs; zu diesen gehören auch die Kosten der Vertheilung des Kaufgeldes, sowie die etwaigen Kosten der Bewachung, Verwahrung und Erhaltung des Schiffs und seines Zubehörs seit der Einleitung des Zwangsverkaufs oder seit der derselben vorausgegangenen Beschlagnahme;
2) die in der Ziffer 1 nicht begriffenen Kosten der Bewachung und Verwahrung des Schiffs und seines Zubehörs seit der Einbringung des Schiffs in den letzten Hafen, falls das Schiff im Wege der Zwangsvollstreckung verkauft ist; . . . .

Diese beiden Ziffern sind in das G. nicht übernommen, weil die Kosten des Zwangsverkaufs des Schiffs und die der vorausgehenden Bewachung und Verwahrung nach den geltenden Vollstreckungsgesetzen ohnedies vorweg vom Kaufpreise abgezogen werden (Begr. S. 119).

[3]) Ziff. 1 entspricht der Ziff. 3 des Art. 757.

[4]) Ziff. 2 entspricht der Ziff. 4 des Art. 757.

[5]) Ziff. 3 umfaßt die Ziff. 5, 6, 7 des Art. 757 und hat den gemeinsamen Rechtsgrund einer nützlichen Verwendung in Nothfällen; die Ziff. 3 enthält jedoch eine Beschränkung gegenüber Art. 757 Ziff. 7 darin, daß er nur hierher rechnet die Forderungen aus Geschäften, welche der Schiffer außerhalb der im § 15 bezeichneten Orte zur Abwendung einer dringenden Gefahr von Schiff oder Ladung geschlossen hat. Anderweite Forderungen aus Rechtsgeschäften des Schiffers sind in Ziff. 5 erwähnt.

[6]) Ziff. 4 entspricht der Ziff. 8 des Art. 757.

[7]) Ziff. 5 entspricht den Ziff. 9 und 10 des Art. 757.

[8]) Ziff. 6 schließt sich hinsichtlich der Forderungen aus der Unfallversicherung dem § 86 G. vom 13. Juli 1887 (R.G.Bl. S. 329) betr. die Seeschiffe an, und dehnt das Pfandrecht auf die Forderungen der Gemeinden und Krankenkassen gegen den Schiffseigner aus den Gesetzen über die Krankenversicherung aus. Hinsichtlich des Anspruchs auf rückständige Beiträge zur Invaliditäts- und Altersversicherung verbleibt es lediglich bei dem nach § 137 G. vom 22. Juni 1889 (R.G.Bl. S. 97) gewährten Vorrechte im Konkurse (Begr. S. 120).

§. 103.

Die Schiffsgläubiger haben an dem Schiffe nebst Zubehör ein Pfandrecht mit der im §. 41 der Konkursordnung bezeichneten Wirkung.

Das Pfandrecht ist gegen jeden dritten Besitzer des Schiffes verfolgbar.

Die Befriedigung aus dem Pfande erfolgt auf Grund eines vollstreckbaren Titels nach den Vorschriften über die Zwangsvollstreckung.[1])

Zu § 103.

[1]) **Pfandrecht.** a. Die Abs. 1 und 2 des § 103 entsprechen dem Art. 758 H.G.B. Der Art. 443 desselben, welcher das Zubehör eines Schiffes näher bezeichnet, ist als entbehrlich nicht übernommen (Begr. S. 120).

b. Die nach Abs. 2 unbeschränkte, also auch gegen den gutgläubigen Erwerber zulässige Verfolgbarkeit des Pfandrechts an dem Schiffe nebst Zubehör, ist zur Abwendung einer Gefährdung der Schiffsgläubiger statuirt. Dem Erwerber des Schiffes ist durch § 111 die Möglichkeit gegeben, sich über das Bestehen etwaiger Schiffsgläubigerrechte Sicherheit zu verschaffen (Begr. S. 120).

c. Nicht übernommen aus Art. 764 H.G.B. ist die Bestimmung, daß die Pfandklage in allen Fällen auch gegen den Schiffer als Vertreter des Schiffseigners gerichtet werden kann. Nur für die Bergungs- und Hülfskosten ist im § 97 nach dieser Richtung eine Ausnahme gemacht. (Begr. S. 121.)

§. 104.

Das Pfandrecht der Schiffsgläubiger erstreckt sich außerdem auf die Bruttofracht derjenigen Frachtfahrt, aus welcher ihre Forderung entstanden ist.

Für die im §. 102 unter Nr. 2 aufgeführten Forderungen der Schiffsbesatzung besteht ein Pfandrecht an der Fracht der sämmtlichen Frachtfahrten, welche unter den Dienstvertrag fallen, aus dem die Forderungen entstanden sind.

Als Frachtfahrt gilt jede Reise, welche entweder auf Grund eines neuen Frachtvertrages oder nach vollständiger Löschung der Ladung angetreten wird.

Der Fracht steht im Sinne dieses Abschnitts das für die Beförderung von Personen zu entrichtende Fahrgeld und bei Schleppschiffen der Schlepplohn gleich.[1])

Zu § 104.

[1]) **Objekt des Pfandrechts.** a. Die Abs. 1—3 des § 104 sind den Art. 759—761 H.G.B. nachgebildet, und zwar Abs. 2 unter Berücksichtigung des Umstandes, daß bei der Binnenschiffahrt die Lohnforderungen der Schiffsbesatzung in der Regel nicht in Beziehung zu einer bestimmten Reihe stehen, vielmehr lediglich durch die

Fortdauer des Dienstverhältnisses begründet werden. (Begr. S. 121.)

b. Der Abs. 3 entspricht dem Art. 760 H.G.B. und findet in Folge des Abs. 4 entsprechende Anwendung auf den Personentransport.

§. 105.

Das einem Schiffsgläubiger zustehende Pfandrecht gilt in gleichem Maße für Kapital, Zinsen und Kosten.[1])

Zu § 105.

[1]) Der § 105 entspricht (unter Fortlassung der Bodmereiprämien) dem Art. 763 H.G.B.

§. 106.[1])

Von den im §. 102 unter Nr. 1 bis 5 aufgeführten Forderungen gehen die eine spätere Frachtfahrt betreffenden denjenigen vor, welche eine frühere Frachtfahrt betreffen. Zu den die letzte Frachtfahrt betreffenden Forderungen werden auch diejenigen gerechnet, welche nach Beendigung dieser Frachtfahrt entstanden sind.

Für die im §. 102 unter Nr. 2 aufgeführten Forderungen der Schiffsbesatzung bestimmt sich das Vorzugsrecht nach der letzten Frachtfahrt, welche unter den Dienstvertrag fällt, aus dem die Forderungen entstanden sind.

Zu § 106.

[1]) **Rangordnung.** Die §§ 106, 107 entsprechen den Art. 771—773 H.G.B. und gehen von dem Grundsatze

aus, daß die aus Anlaß der späteren Fahrt entstandenen Forderungen aus § 102 Ziff. 1—5 den eine frühere Fahrt betreffenden Forderungen in der Rangordnung vorgehen.

§. 107.

Die Rangordnung der Forderungen, welche dieselbe Frachtfahrt betreffen oder als dieselbe Frachtfahrt betreffend anzusehen sind (§. 106), bestimmt sich durch die Nummernfolge, in welcher die Forderungen im §. 102 aufgeführt sind.

Von den unter Nr. 1, 2, 4 und 5 bezeichneten Forderungen haben die unter derselben Nummer aufgeführten den gleichen Rang ohne Rücksicht auf die Zeit ihrer Entstehung.

Von den unter Nr. 3 bezeichneten Forderungen geht die später entstandene der früher entstandenen vor; die gleichzeitig entstandenen sind gleichberechtigt. Forderungen, welche aus Anlaß eines und desselben Nothfalles entstanden sind, gelten als gleichzeitig entstanden.[1])

Zu § 107.

[1]) Das Rangverhältniß unter den dieselbe Fahrt betreffenden Forderungen ist nach ihrer Natur und Entstehung bestimmt, wie in den Art. 772, 773 H.G.B.

§. 108.

Die im §. 102 unter Nr. 6 bezeichneten Forderungen stehen allen übrigen Forderungen von Schiffsgläubigern, ohne Rücksicht auf die Zeit ihrer Entstehung, nach.[1])

Zu § 108.

[1]) Die Forderungen aus der Unfall- und Krankenversicherung stehen mit den einzelnen Fahrten in keiner Verbindung; sie nehmen die letzte Stelle unter den Pfandrechten der Schiffsgläubiger ein.

§. 109.

Das Pfandrecht des Schiffsgläubigers hat den Vorrang vor den sonstigen Pfandrechten an Schiff oder Fracht, für die im §. 102 unter Nr. 4 bis 6 aufgeführten Forderungen jedoch hinsichtlich des Schiffes nur insoweit, als jene Pfandrechte nicht früher entstanden sind.[1])

Soweit hiernach die sonstigen Pfandrechte an dem Schiffe der Forderung eines Schiffsgläubigers vorgehen, haben sie zugleich den Vorrang vor den dieser Forderung nachstehenden Forderungen anderer Schiffsgläubiger.[2])

Erleidet ein Schiffsgläubiger, welchem der Schiffseigner nur mit Schiff und Fracht haftet, dadurch einen Ausfall an seiner Forderung, daß seinem Pfandrecht an dem Schiffe das Pfandrecht eines Gläubigers vorgeht, der nicht Schiffsgläubiger ist, so wird der Schiffseigner in Höhe dieses Ausfalles persönlich verpflichtet.

Zu § 109.

[1]) a. Der § 109 enthält eine erhebliche Abweichung von dem durchgreifenden Art. 779 H.G.B., nach welchem Schiffsgläubiger, welche ihr Pfandrecht verfolgen, den Vorzug vor anderen Pfandgläubigern oder sonstigen Gläubigern haben.

b. Die in § 102 Ziff. 1, 2 u. 3 bezeichneten Forderungen haben das Vorzugsrecht vor allen anderen an dem Schiffe oder der Fracht begründeten sonstigen Forderungen, auch wenn diese früher entstanden sind. Dies gilt auch für die im § 102 Ziff. 4 bis 6 bezeichneten Forderungen, jedoch nur hinsichtlich des Pfandrechts an der Fracht. Die letzterwähnten Forderungen stehen aber hinsichtlich des Schiffes den früher entstandenen sonstigen Pfandrechten nach. Diese Bestimmung hat darin ihren Grund, daß anderenfalls Niemand dem Schiffseigner im Falle des Bedürfnisses gegen Verpfändung des Schiffes und der Fracht kreditiren würde, wenn er befürchten müßte, daß er allen in Zukunft etwa noch entstehenden Ersatzansprüchen von Ladungsbetheiligten oder Entschädigungsberechtigten (§ 102 Ziff. 4—6) nachzustehen hätte. (Begr. S. 122.) In dem Verhältnisse der sonstigen Pfandrechte am Schiffe zu den Forderungen aus § 102 Ziff. 4—6 verbleibt es daher bei der Rechtsregel prior tempore potior jure. Da hierdurch jedoch den erwähnten Schiffsgläubigern, welchen der Schiffseigner nur mit Schiff und Fracht haftet, ein Ausfall entstehen kann, weil ein zu den Schiffsgläubigern nicht gehörender Berechtigter ihnen vorgeht, und da in der Belastung des Schiffes mit dem Pfandrecht für eine Forderung, die nicht einem Schiffsgläubiger als solchem zusteht, eine Bereicherung des sonstigen Vermögens des Schiffseigners zum Nachtheile des Schiffsvermögens liegt, so ist im Abs. 3 dieses Paragraphen die persönliche Haftung des Schiffseigners für den Ausfall bestimmt. (Begr. S. 122.)

[2]) Der Abs. 2 soll die folgende Schwierigkeit heben: Während nach Abs. 1 für die im § 102 Ziff. 4—6 angegebenen Forderungen im Verhältniß zu sonstigen Pfandrechten hinsichtlich des Vorzugsrechts am Schiffe die Priorität der Entstehung entscheidet, also eine der ersteren als früher entstanden einem demnächst in das Schiffsregister eingetragenen Pfandrechte vorgehen kann, würde eine aus Anlaß einer späteren Frachtfahrt entstandene, nach

§ 102 Ziff. 1—5 begründete Forderung eines Schiffsgläubigers dem eingetragenen Pfandrechte nachstehen, aber nach § 106 Abs. 1 der zuerst erwähnten vorgehen, weil sie aus der späteren Frachtfahrt herrührt. Das Gesetz läßt den Konflikt zu Gunsten der außer dem Kreise der Schiffsgläubiger stehenden Pfandrechte im Interesse der Kreditfähigkeit des Schiffers, indem es für den gedachten Fall den sonstigen Pfandrechten, wenn sie einen Vorrang vor der Forderung eines Schiffsgläubigers haben zugleich insoweit den Vorrang vor denjenigen Schiffsgläubigern gewährt, welche jenem Schiffsgläubiger in der Reihenfolge nachstehen. Die bezeichnete Folge kann nur eintreten, wenn die Einziehung der älteren Forderung des Schiffsgläubigers bis zum Antritt einer neuen Frachtfahrt verzögert worden ist. Die getroffene Bestimmung hat die Wirkung, daß, soweit der Betrag der älteren Forderung denjenigen der späteren Forderung übersteigt, das Vorzugsrecht der ersteren gegenüber einem dazwischen stehenden sonstigen Pfandrechte bestehen bleibt. (Begr. S. 123.) — Der Gedanke ist im Gesetze selbst etwas dunkel ausgedrückt, läßt sich aber deutlicher dahin ausdrücken, daß die sonstigen Pfandrechte (Hypotheken) ihre Stelle behalten und nur die Forderungen der Schiffsgläubiger der früheren und späteren Fahrt insoweit ihren Platz wechseln, als erforderlich ist, um denen der späteren Fahrt das Vorzugsrecht vor denen der früheren Fahrt zu beschaffen. Beträgt z. B. die zuerst entstandene Forderung eines Schiffsgläubigers 5000 Mark, ist sodann eine Hypothek von 10 000 Mark eingetragen und auf späterer Fahrt die Forderung eines Schiffsgläubigers von 8000 Mark entstanden, so kommen bei der Kaufgelderbelegung zuerst 5000 Mark der letzten Forderung, dann die 10 000 Mark Hypothek, sodann 3000 Mark der letzten Forderung und erst demnächst die 5000 Mark der zuerst entstandenen Forderung zur Hebung.

§. 110.[1])

Das Pfandrecht der Schiffsgläubiger an dem Schiffe erlischt durch den im Inlande im Wege der Zwangsvollstreckung erfolgten Verkauf des Schiffes; an Stelle des letzteren tritt für die Schiffsgläubiger das Kaufgeld.

Das Gleiche gilt von sonstigen Pfandrechten, welche durch Willenserklärung oder Gesetz erworben sind.[2])

Zu § 110.

[1]) Die §§ 110—114 handeln von dem Erlöschen des Pfandrechtes.

[2]) **Zwangsveräusserung.** Entsprechend Art. 767 Ziff. 1 H.G.B. erlöschen nach § 110 Abs. 1 die Pfandrechte der Schiffsgläubiger am Schiff durch den im Inland im Wege der Zwangsvollstreckung erfolgten Verkauf des Schiffes und übertragen sich auf das Kaufgeld. Dasselbe ist für die sonstigen Pfandrechte, welche durch Gesetz oder Willenserklärung erworben sind im § 110 Abs. 2 entsprechend dem Abs. 1 Art. 780 H.G.B. bestimmt. Ueber die Wirkung einer im Auslande erfolgten Zwangsversteigerung des Schiffes auf die Rechte der inländischen Gläubiger ist nichts bestimmt.

§. 111.

Für den Fall der freiwilligen Veräußerung eines Schiffes finden in Ermangelung landesgesetzlicher Bestimmungen, nach welchen die Pfandrechte der Schiffsgläubiger bei erfolgloser öffentlicher Aufforderung zur Anmeldung erlöschen, die nachstehenden Vorschriften Anwendung:

Der Erwerber des Schiffes ist berechtigt, das Aufgebot der Schiffsgläubiger (Civilprozeßordnung §§. 824 bis 836) bei dem Gerichte, in dessen Bezirk sich der Heimathsort des Schiffes befindet, zu beantragen.

In dem Ausschlußurtheile sind den Schiffsgläubigern, welche sich gemeldet haben, oder welche der Antragsteller angegeben hat, ihre Rechte vorzubehalten; die übrigen Schiffsgläubiger sind mit ihren Ansprüchen auszuschließen.[1])

Zu § 111.

[1]) **Verkauf aus freier Hand.** Der Abs. 1 überläßt es (wie Art. 768 H.G.B.) zunächst den Landesgesetzen, Bestimmungen zu treffen, wie bei freiwilliger Veräußerung des Schiffs die Pfandrechte erlöschen. Nur in deren Ermangelung kommen die Abs. 2 und 3 zur Anwendung. Dem Erwerber, welcher einen in bindender Form geschlossenen Veräußerungsvertrag nachweist (nicht dem Schiffseigner Begr. S. 124), ist es gestattet, das Aufgebotsverfahren gemäß §§ 824—836 C.P.O. bei dem Gerichte des Heimathsortes des Schiffes (§ 6) zu beantragen, und im Ausschlußurtheile sind denjenigen Schiffsgläubigern, welche sich gemeldet haben, oder welche vom Antragsteller angegeben sind, ihre Rechte vorzubehalten, alle anderen sind zu präkludiren. Die Präklusion wirkt jedoch nur gegenüber dem Erwerber; der persönliche Anspruch gegen den Verkäufer, der ein Restkaufgeld erhalten hat, bleibt unberührt (§ 114).

§. 112.

Die Bestimmungen der §§. 110, 111 finden keine Anwendung, wenn nur der Antheil eines Miteigenthümers des Schiffes den Gegenstand der Zwangsvollstreckung oder Veräußerung bildet.[1])

Zu § 112.

[1]) **Schiffsantheile.** In Anlehnung an Art. 769 H.G.B. bestimmt der § 112, daß der Verkauf von Schiffsparten ohne Unterschied, ob er im Wege der Zwangsveräußerung (§ 110) oder der freiwilligen Veräußerung (§ 111) erfolgt auf den Fortbestand der Pfandrechte der Schiffsgläubiger ohne Einfluß ist, weil diese auf dem ganzen Schiffe ruhen. Da die Frage, welchen Einfluß die zwangsweise Veräußerung eines Schiffsantheils auf die Pfandrechte ausübt, welche auf diesem Antheil ruhen, im Gesetze nicht entschieden ist, so wird sie nach dem zur Anwendung kommenden Landesrecht zu beurtheilen sein (Begr. S. 124).

§. 113.

Das Pfandrecht der Schiffsgläubiger an der Fracht ist so lange wirksam, als die Fracht noch aussteht oder die Frachtgelder in den Händen des Schiffers sind. Dies gilt auch im Falle einer Abtretung der Frachtforderung.[1])

Insoweit der Schiffseigner die Fracht eingezogen hat, haftet er den Schiffsgläubigern, welchen dadurch das Pfand ganz oder zum Theil entgeht, persönlich, und zwar einem jeden in Höhe desjenigen Betrages, welcher für denselben bei Vertheilung des eingezogenen Betrages nach der gesetzlichen Rangordnung sich ergiebt.[2])

Dieselbe persönliche Haftung des Schiffseigners tritt ein in Ansehung der am Abladungsorte zur Abladungszeit üblichen Fracht für Güter, welche für seine Rechnung abgeladen sind.

Hat der Schiffseigner die Fracht zur Befriedigung eines oder mehrerer Gläubiger, welchen ein Pfandrecht an derselben zustand, verwendet, so ist er den Gläubigern, welchen der Vorzug gebührt hätte, nur insoweit verantwortlich, als erwiesen wird, daß er dieselben wissentlich verkürzt hat.[3])

Zu § 113.

[1]) **Pfandrecht an der Fracht.** Der Abs. 1 des § 113 entspricht den Abs. 1 und 3 des Art. 774 H.G.B. Das gesetzliche Pfandrecht der Schiffsgläubiger darf nicht dahin führen, daß die Ladungsbetheiligten verhindert werden, die Fracht dem Schiffer zu zahlen. Es ist deshalb nicht nur so lange für wirksam erklärt, als die Fracht aussteht, sondern auch so lange die Frachtgelder sich in den Händen des Schiffers befinden. Die Bestimmung wäre jedoch wirkungslos, wenn man dem Schiffer gestattete, die ausstehende Frachtforderung abzutreten und schon durch die Cession das Pfandobjekt den Gläubigern zu entziehen. Deshalb ist ausdrücklich vorgeschrieben, daß eine solche Abtretung das Pfandrecht der Schiffsgläubiger, so lange es nach dem ersten Satze des § 113 besteht, nicht beeinträchtigt; sie brauchen daher ihr Recht nicht gegen den Cessionar zu verfolgen, sondern können es auf Grund eines gegen den Schiffseigner erwirkten vollstreckbaren Titels gemäß der C.P.O. geltend machen. Hat der Cessionar aber die Frachtgelder eingezogen, so ist das Pfandrecht erloschen und der Schiffseigner ist den Gläubigern für die empfangene Valuta persönlich regreßpflichtig (Begr. S. 125).

[2]) Der Abs. 2 des § 113 entspricht dem Abs. 4 des Art. 774 H.G.B. Wenn auch der Schiffseigner den Schiffsgläubigern durch Einziehung der Fracht persönlich haftbar wird, so tritt dies doch nur insoweit ein, als sie

bei der ordnungsmäßigen Vertheilung nach der gesetzlichen Reihenfolge Zahlung erhalten hätten, wenn die Fracht nicht eingezogen worden wäre.

[3]) Der Abs. 4 des § 113 schützt den Schiffseigner, welcher die Fracht bona fide unter die Schiffsgläubiger nach der gesetzlichen Reihenfolge vertheilt, weil es leicht vorkommen kann, daß ihm zwar die Forderung, nicht aber die Thatsache, auf welcher das Vorrecht beruht, bekannt ist. Ebenso Art. 775 H.G.B.

§. 114.

Insoweit bei der Zwangsvollstreckung oder bei einer sonstigen Veräußerung des Schiffes der Schiffseigner das Kaufgeld eingezogen hat, haftet er den Schiffsgläubigern, deren Pfandrechte in Folge der Zwangsvollstreckung oder nach Landesrecht wegen erfolgloser öffentlicher Aufforderung zur Anmeldung (§. 111 Absatz 1) oder vermöge des im §. 111 Absatz 2 und 3 bezeichneten Verfahrens erloschen sind, persönlich in gleicher Weise, wie im Falle der Einziehung der Fracht.[1])

Zu § 114.

[1]) Der § 114 entspricht dem Art. 776 H.G.B. Insoweit der Schiffseigner bei einer zwangsweisen oder freiwilligen Veräußerung des Schiffs etwas eingezogen hat, das ohne die Ausschließung dem Schiffsgläubiger zu Gute gekommen wäre, haftet er ihm persönlich für den erlittenen Ausfall.

§. 115.

Sendet der Schiffseigner, nachdem er von der Forderung eines Schiffsgläubigers, für welche er nur mit Schiff und Fracht haftet, Kenntniß erhalten hat, das Schiff zu einer neuen Reise aus, ohne daß dies zugleich im Interesse des Gläubigers geboten war, so wird er für die Forderung in Höhe desjenigen Betrages auch persönlich verpflichtet, welcher für den Gläubiger sich ergeben haben würde, falls der Werth, den das Schiff bei Antritt der Reise hatte, unter die Schiffsgläubiger nach der gesetzlichen Rangordnung vertheilt worden wäre.[1])

Bis zum Beweise des Gegentheils wird angenommen, daß der Gläubiger bei dieser Vertheilung seine vollständige Befriedigung erlangt haben würde.[2])

Zu § 115.

[1]) **Neue Reise.** Die Abs. 1 und 2 des § 115 entsprechen den Abs. 1 und 2 des Art. 777 H.G.B., und haben ihren Grund darin, daß das Schiff durch die neue Reise neuen Gefahren und dadurch der Entstehung neuer mit Vorzugsrecht (§ 106) ausgestatteter Schiffsgläubigerrechte ausgesetzt wird. Daß der Antritt einer neuen Reise auch im Interesse der Gläubiger geboten war, kann z. B. der Fall sein, wenn das Schiff sich an einem Orte befindet, wo es mit Rücksicht auf den bevorstehenden Winter nicht gehörig geschützt war (Begr. S. 125).

[2]) Im Abs. 2 ist die Beweislast des Minderwerths dem Schiffseigner auferlegt, weil der Gläubiger kaum in der Lage wäre, vor Abgang des Schiffes den Werth desselben feststellen zu lassen.

§. 116.

Die Vergütung für Aufopferung oder Beschädigung in Fällen der großen Haverei tritt für die Schiffsgläubiger an Stelle des Gegenstandes, für den die Vergütung bestimmt ist.

Dasselbe gilt von der Entschädigung, die wegen des Verlustes oder der Beschädigung des Schiffes oder wegen der durch Verlust oder Beschädigung von Gütern herbeigeführten Entziehung der Fracht dem Schiffseigner von demjenigen gezahlt werden muß, welcher den Schaden durch eine rechtswidrige Handlung verursacht hat.

Hat der Schiffseigner die Vergütung oder Entschädigung eingezogen, so haftet er in Höhe des eingezogenen Betrages den Schiffsgläubigern persönlich in gleicher Weise wie den Gläubigern einer Reise im Falle der Einziehung der Fracht (§. 113).[1]

Zu § 116.

[1]) Der § 116 entspricht dem Art. 778 H.G.B. Dem Pfandrecht der Schiffsgläubiger unterliegt die Vergütung für Aufopferung oder Beschädigung in Fällen der großen Haverei und die Entschädigung welche der Schiffseigner in den Fällen des Abs. 2 von demjenigen zu erhalten hat, welcher den Schaden rechtswidrig zugefügt hat. Im Falle der Einziehung der Vergütung oder Entschädigung haftet der Schiffseigner persönlich wie in den Fällen der §§ 113, 114; wäre dies hinsichtlich der Entschädigungen nicht bestimmt, so würde der Schiffseigner sich zum Nachtheile der Schiffsgläubiger mit denselben bereichern (Begr. S. 125).

§. 117.

Die wegen der Beiträge zur großen Haverei und der Bergungs- und Hülfskosten auf den Ladungsgütern haftenden Pfandrechte gehen den im Artikel 411 des

Handelsgesetzbuchs bezeichneten Pfandrechten vor. Unter den ersteren Pfandrechten hat das später entstandene vor dem früher entstandenen den Vorzug; die gleichzeitig entstandenen sind gleichberechtigt; Forderungen, welche aus Anlaß desselben Nothfalles entstanden sind, gelten als gleichzeitig entstanden.

In den Fällen der großen Haverei und des Verlustes oder der Beschädigung durch rechtswidrige Handlungen finden die Vorschriften des §. 116 entsprechende Anwendung.[1])

Zu § 117.

[1]) Der § 117 regelt im Anschluß an Art. 781 H.G.B. das Rangverhältniß unter den auf den Ladungsgütern haftenden Pfandrechten. Es sollen danach die Pfandrechte wegen der Beiträge zur großen Haverei und der Bergungs- und Hülfskosten den im Art. 411 H.G.B. bezeichneten Pfandrechten des Kommissionärs, Spediteurs und Frachtführers vorgehen, unter einander aber so rangiren, daß das später entstandene Pfandrecht wegen des Beitrags dem früher entstandenen vorgeht.

Der Abs. 2 erklärt die Grundsätze des § 116 für analog anwendbar auf die Pfandrechte an den Ladungsgütern.

Achter Abschnitt.

Verjährung.

§. 118.[1])

Mit dem Ablaufe eines Jahres verjähren:

1. die öffentlichen Schiffs- und Schiffahrtsabgaben, insbesondere die Brücken-, Schleusen-, Kanal- und Hafengelder;

2. die aus den Dienstverträgen herrührenden Forderungen der Schiffsbesatzung;
3. die Lootsengelder;
4. die Bergungs- und Hülfskosten einschließlich des Berge- und Hülfslohnes;
5. die Beiträge zur großen Haverei;
6. die Forderungen aus Geschäften, welche der Schiffer kraft seiner gesetzlichen Befugnisse (§§. 15, 16) und nicht mit Bezug auf eine Vollmacht geschlossen hat;
7. die Forderungen aus dem Verschulden einer Person der Schiffsbesatzung (§. 3, §. 4 Nr. 3, §§. 7, 92);
8. die Forderungen des Frachtführers aus dem Frachtvertrage, insbesondere wegen der Fracht mit Nebengebühren, Liegegeldern und Auslagen, sowie die Ansprüche wegen des Fahrgeldes der beförderten Personen.

Zu § 118.

[1]) Der § 118 beläßt es bei der im Art. 906 H.G.B. für die Forderungen der Schiffsgläubiger aufgestellten Verjährungsfrist von einem Jahre, und zwar auch für die Forderungen aus dem Zusammenstoße von Schiffen, wie die in Ziff. 7 erfolgte Anziehung des § 92 ergiebt.

§. 119.

Die Verjährung beginnt mit dem Schlusse des Jahres, in welchem die Forderung fällig geworden ist.[1])

Zu § 119.

[1]) Der § 119 bestimmt, abweichend von den Art. 908, 909 Abs. 2 H.G.B., allgemein den Beginn der Verjährung auf den Schluß des Kalenderjahres, in welchem die Forderung fällig geworden ist. Der Art. 907 H.G.B., welcher ausdrücklich bestimmt, daß die Verjährung sich zugleich auf die persönlichen Ansprüche bezieht, welche dem Gläubiger etwa gegen den Rheder oder eine Person der Schiffsbesatzung zustehen, ist als selbstverständlich in das Gesetz nicht übernommen (Begr. S. 126).

Neunter Abschnitt.

Schiffsregister.[1])

[1]) **Schiffsregister.** a. Während das fünfte Buch des H.G.B. „Vom Seehandel" mit den Bestimmungen über das Schiffsregister beginnt, sind in dem vorliegenden Gesetze die Bestimmungen über dasselbe den vorausgehenden acht Abschnitten nachgestellt, um keinen Zweifel darüber zu lassen, daß diese Abschnitte ohne Rücksicht auf die Registrirung oder Registrirungsfähigkeit der Schiffe zur Anwendung kommen (Begr. S. 128).

b. Das Schiffsregister ist wesentlich dazu bestimmt, den Personen, welche Fracht- oder Versicherungsverträge abschließen oder Ansprüche als Schiffsgläubiger gegen den Schiffseigner geltend machen wollen, ein zuverlässiges Mittel zur Auskunft über die thatsächlichen und rechtlichen Verhältnisse des betreffenden Schiffes zu verschaffen; auch dient es als Grundlage für eine angemessene Regelung der Verpfändung von Binnenschiffen. Die Eigenthumsübertragung ist aber von der Eintragung in das Register nicht abhängig gemacht und die Anmeldung des Eigenthumsüberganges nur durch

Strafandrohung gesichert. Ebensowenig ist dem Inhalte des Registers öffentlicher Glaube zu Gunsten der Erwerber von Rechten an dem Schiffe beigelegt (Begr. S. 127).

c. Eine dem Art. 439 H.G.B. analoge Bestimmung, welche bei der Veräußerung eines Seeschiffes die nach den Grundsätzen des bürgerlichen Rechts zum Eigenthumserwerb etwa erforderliche Uebergabe durch eine Willenserklärung für ersetzbar erklärt, ist in das Gesetz nicht übernommen (Begr. S. 128).

§. 120.

Für Dampfschiffe und andere Schiffe mit eigener Triebkraft, deren Tragfähigkeit mehr als 15 000 Kilogramm beträgt, sowie für sonstige Schiffe mit einer Tragfähigkeit von mehr als 20 000 Kilogramm sind Schiffsregister zu führen.[1])

Zu § 120.

[1]) **Registrirungspflicht.** Die Registerpflichtigkeit ist im § 120 für Schiffe, ohne Unterschied, welchem Zwecke sie dienen, bestimmt, deren Tragfähigkeit (nach dem Gewichte, welches das Schiff von der unteren bis zur oberen Schwimmebene sinken läßt) mehr als 15 000 bezw. 20 000 Kilogramm beträgt. Die Tragfähigkeit von 15 Tonnen bei Dampfschiffen und anderen Schiffen mit eigener Triebkraft, und von 20 Tonnen bei sonstigen Schiffen entspricht annähernd einem durchschnittlichen Brutto-Raumgehalt von 50 Kubikmeter (Begr. S. 128).

§. 121.

Das Schiffsregister wird bei dem zur Führung des Handelsregisters zuständigen Gerichte geführt.

Die Landesregierungen sind befugt, die Führung des Registers für die Bezirke mehrerer Gerichte einem von diesen zu übertragen oder mit derselben da, wo die Führung der Register für Seeschiffe anderen Behörden obliegt, die letzteren zu betrauen.[1])

Zu § 121.

[1]) **Registergericht.** Der Abs. 1 des § 121 überträgt die Führung des Schiffsregisters dem zur Führung des Handelsregisters zuständigen Gerichte. Der Abs. 2 enthält einen Vorbehalt für die Landesregierungen, um einer zu weit gehenden Zersplitterung der Schiffsregister vorzubeugen oder um die Vereinigung derselben mit den Registern herbeizuführen, welche für die Seeschiffe von anderen Behörden geführt werden (Begr. S. 129).

§. 122.

Das Schiffsregister ist öffentlich; die Einsicht ist während der gewöhnlichen Dienststunden einem Jeden gestattet. Von den Eintragungen können gegen Erlegung der Kosten Abschriften gefordert werden, die auf Verlangen zu beglaubigen sind.[1])

Zu § 122.

[1]) Der § 122 entspricht dem Art. 12 Abs. 2 H.G.B. und in seinem ersten Satze dem § 4 des für die Seeschiffe ergangenen G. vom 25. Oktober 1867 (R.G.Bl. S. 35), betr. die Nationalität der Kauffahrteischiffe und ihre Befugniß zur Führung der Bundesflagge.

§. 123.

Jedes Schiff ist bei der Registerbehörde des Heimathsortes zur Eintragung in das Schiffsregister anzumelden.[1])

Zu § 123.

[1]) Der Heimathsort der Binnenschiffe ist im § 6 bestimmt.

§. 124.

Die Verpflichtung zur Anmeldung liegt dem Eigenthümer des Schiffes und, wenn mehrere Miteigenthümer vorhanden sind, einem jeden von ihnen ob.

Bei einer offenen Handelsgesellschaft, einer Kommanditgesellschaft oder einer Aktienkommanditgesellschaft sind die persönlich haftenden Gesellschafter, bei einer juristischen Person, einer Aktiengesellschaft, einer Gesellschaft mit beschränkter Haftung oder einer eingetragenen Genossenschaft die gesetzlichen Vertreter zur Anmeldung verpflichtet.

Sind mehrere Verpflichtete vorhanden, so genügt die Anmeldung durch einen von ihnen.[1])

Zu § 124.

[1]) **Anmeldepflicht.** Der § 124 bezeichnet die zur ersten Anmeldung verpflichteten Personen, und erklärt in seinem Abs. 3 die Anmeldung durch einen Verpflichteten oder einen gesetzlichen Vertreter für genügend, wenn auch mehrere vorhanden sind; dies gilt auch dann, wenn auch gesetzlich oder statutarisch zur Abgabe rechtsverbindlicher Erklärungen die Mitwirkung mehrerer Vertreter nöthig ist (Begr. S. 129).

§. 125.

Die Anmeldung muß enthalten:

1. die Gattung und das Material sowie den Namen, die Nummer oder die sonstigen Merkzeichen des Schiffes;[1])
2. die Tragfähigkeit und bei Dampfschiffen oder sonstigen Schiffen mit eigener Triebkraft die Stärke des Motors;
3. die Zeit und den Ort der Erbauung;
4. den Heimathsort;
5. den Namen und die nähere Bezeichnung des Eigenthümers oder der Miteigenthümer und im letzteren Falle die Größe des Antheiles eines jeden Miteigenthümers; bei Handelsgesellschaften genügt, auch soweit sie nicht juristische Personen sind, die Angabe der Firma und des Sitzes der Gesellschaft;
6. den Rechtsgrund, auf welchem das Eigenthum oder die Eigenthumsantheile beruhen.

Die Angaben sind glaubhaft zu machen.[2])

Zu § 125.

[1]) In Ermangelung eines Namens des Schiffes genügt die Angabe der sonstigen, zur Feststellung der Identität des Schiffes dienenden Merkzeichen (Begr. S. 130).

[2]) Bei der ersten Anmeldung eines neu gebauten Schiffes wird in der Regel die Vorlegung des Meßbriefes genügen; in anderen Fällen wird es auch der Beibringung der Erwerbsurkunden oder in Ermangelung solcher einer

Bescheinigung der Ortsbehörde über das Eigenthum am Schiffe bedürfen (Begr. S. 130).

§. 126.

Jedes Schiff wird in das Schiffsregister unter einer besonderen Ordnungsnummer eingetragen.

Die Eintragung hat die im §. 125 bezeichneten Angaben und den Tag der Eintragung zu enthalten.

Ueber die Eintragung wird von der Registerbehörde eine Urkunde (Schiffsbrief) ertheilt, in welche der vollständige Inhalt der Eintragung aufzunehmen ist.[1])

Zu § 126.

[1]) **Schiffsbrief.** Der Schiffsbrief soll den Schiffseigner oder Schiffer in die Lage setzen, sich gegenüber dritten Betheiligten oder den Behörden über die in das Register eingetragenen Thatsachen auszuweisen. Die von den Verwaltungsbehörden auszustellenden sonstigen Schiffspapiere (Meßbriefe, Schiffspatente, Schiffsatteste u. dgl.) behalten daneben ihre Bedeutung (Begr. S. 130).

§. 127.

Wenn Veränderungen in den eingetragenen Thatsachen oder Rechtsverhältnissen eintreten oder wenn das Schiff zu Grunde geht oder reparaturunfähig wird, so ist dies zur Eintragung in das Schiffsregister anzumelden.[1])

In Bezug auf die Verpflichtung zur Anmeldung finden die Vorschriften der §§. 124, 125 entsprechende Anwendung. Zur Anmeldung der Veräußerung des

Schiffes oder eines Antheiles an demselben ist der Erwerber verpflichtet.[2])

Der Schiffsbrief ist mit der Anmeldung einzureichen; die Eintragung wird auf demselben durch die Registerbehörde vermerkt.[3])

Im Falle der Verlegung des Heimathsortes aus dem Registerbezirke hat die Registerbehörde nach Vollzug der Eintragung den Schiffsbrief mit einer beglaubigten Abschrift des Registerinhalts der neuen Registerbehörde zur Bewirkung der Eintragung zu übersenden.[4])

Zu § 127.

[1]) **Anmeldung von Veränderungen.** Der § 127 bezeichnet im Abs. 1 die Anmeldungen, welche gemacht werden sollen, um das Schiffsregister auf dem Laufenden zu erhalten; insbesondere schreibt er die Anmeldung vor, wenn das Schiff untergeht oder zum Wrack (reparaturunfähig) wird (Note 5 zu § 82).

[2]) Im Abs. 2 sind die Vorschriften der §§ 125, 126 über die zur ersten Anmeldung verpflichteten Personen und die Glaubhaftmachung der angemeldeten Thatsachen und Rechtsverhältnisse angezogen, und zur Vermeidung von Zweifeln ist bei Veräußerungen des Schiffs ausdrücklich dem Erwerber die Anzeigepflicht auferlegt.

[3]) Der Abs. 3 bezweckt, den Schiffsbrief mit dem Register in Uebereinstimmung zu halten.

[4]) Der Abs. 4 dient zur Vereinfachung des Verfahrens und sichert zugleich die Uebertragung etwaiger in dem alten Register eingetragener Pfandrechte in das neue Register. In die beglaubte Abschrift ist der Registerinhalt nur insoweit aufzunehmen, als er noch gilt (Begr. S. 131).

§. 128.

Das Gericht hat die Betheiligten zu den ihnen obliegenden Anmeldungen durch Ordnungsstrafen anzuhalten.

Das Verfahren bestimmt sich nach den Vorschriften, welche für die Verhängung von Ordnungsstrafen in Betreff der Anmeldungen zum Handelsregister gelten.[1])

Zu § 128.

[1]) Der § 128 will die vom Gesetze erforderten Anmeldungen, die erste sowie die späteren, durch Verhängung von Ordnungsstrafen sichern. Für das Verfahren sollen die Vorschriften gelten, welche für die Verhängung solcher Strafen in Betreff der Anmeldungen zum Handelsregister bestehen. Dies sind für Preußen: Einf.G. zum H.G.B. Art. 4—7, § 28 Preuß. Ausf.G. zur C.P.O., § 13 Preuß. Ausf.G. zur Deutschen Konkursordnung. Eine Befugniß der Registerbehörde, Schiffe von Amtswegen im Register zu löschen, ist nicht anerkannt.

§. 129.

Die Landesregierungen können bestimmen, daß auch Schiffe von einer geringeren als der im §. 120 bezeichneten Tragfähigkeit in das Schiffsregister einzutragen sind. Auf die Anmeldung und Eintragung solcher Schiffe finden die Bestimmungen dieses Abschnitts gleichfalls Anwendung.[1])

Zu § 129.

[1]) Den Landesregierungen ist, um lokalen Bedürfnissen genügen zu können, die Befugniß eingeräumt, zu be-

stimmen, daß auch Schiffe mit geringerer Tragfähigkeit als der im § 120 bezeichneten einzutragen sind oder auf Antrag des Schiffseigners eingetragen werden können (Begr. S. 132).

§. 130.

Schiffe, welche beim Inkrafttreten dieses Gesetzes in ein nach den Landesgesetzen geführtes Register für Binnenschiffe eingetragen sind, bedürfen keiner erneuten Eintragung.

Hinsichtlich der diese Schiffe betreffenden Eintragungen gelten die bezeichneten Register als Schiffsregister im Sinne des gegenwärtigen Gesetzes.[1])

Zu § 130.

[1]) Der § 130 erklärt, daß es keiner erneuten Eintragung der Schiffe bedarf, welche bereits in ein nach den Landesgesetzen geführtes Register für Binnenschiffe eingetragen sind, während fernere Eintragungen nach den Bestimmungen des vorliegenden Gesetzes zu erfolgen haben. Solche Landesgesetze bestehen für Hamburg und Bremen. Der Abs. 2 dieses Paragraphen stellt jene Landesregister hinsichtlich der diese Schiffe betreffenden Eintragungen den reichsgesetzlichen Registern gleich. (Begr. S. 132.)

Zehnter Abschnitt.

Verpfändung und Zwangsvollstreckung.

§. 131.

Die Verpfändung eines in das Schiffsregister eingetragenen Schiffes kann nur durch Eintragung in das

Schiffsregister erfolgen. Die Eintragung tritt an die Stelle der nach dem Landesrechte erforderlichen Besitzübertragung oder Eintragung in ein Hypothekenbuch.[1])

Die Eintragung findet nur auf Grund der Bewilligung desjenigen statt, welcher als Eigenthümer des Schiffes in das Register eingetragen ist.[2])

Sie muß die Bezeichnung des Gläubigers, die Forderung und die Zeit der Eintragung enthalten.

Die Eintragung ist auf dem Schiffsbriefe und, wenn eine Verpfändungsurkunde vorgelegt ist, auch auf dieser zu vermerken.[3])

Zu § 131.

[1]) **Verpfändung.** a. Nach Abs. 1 des § 131 ist die Eintragung der Verpfändung eines Binnenschiffs in das Schiffsregister die ausschließlich zulässige Form der Pfandbestellung. Dies gilt auch für die Verpfändung des Antheils eines Miteigenthümers am Schiffe. (Vgl. § 137.)

b. Die nach diesem Gesetze begründeten Pfandrechte sind in allen durch dieses die Materie nicht erschöpfende Gesetz nicht berührten Beziehungen nach den Bestimmungen des bürgerlichen (Reichs- event. Landes-) Rechts über das Pfandrecht an beweglichen Sachen zu beurtheilen. Um das Verhältniß zu diesen festzustellen schreibt Abs. 1 vor, daß die Eintragung in das Schiffsregister an die Stelle der nach dem bürgerlichen Rechte erforderlichen Besitzübertragung oder Eintragung in das Hypothekenbuch tritt. In Folge dessen wird die Frage, inwieweit der Fortbestand des Schiffspfandes durch die Löschung des Eintrags berührt wird, nach den Vorschriften zu beantworden sein, welche das Landesrecht hinsichtlich der Einwirkung des Besitzverlustes auf das Pfandrecht an einer beweglichen Sache getroffen hat (Begr. S. 134).

c. Der Rang der eingetragenen Pfandrechte bestimmt sich nach der Eintragung. Nach den Landesgesetzen vor dem 1. Januar 1896 entstandene Pfandrechte behalten den durch den Zeitpunkt ihrer Entstehung begründeten Rang gegenüber späteren Registerpfandrechten.

d. Die Rangordnung der registrirten Pfandrechte zu Pfändungspfandrechten bestimmt sich nach der Zeit der Entstehung; die Vorschrift des § 136 Ziff. 1, daß der Gerichtsvollzieher von der erfolgten Pfändung des Schiffes sofort der Registerbehörde behufs Eintragung eines Pfändungsvermerks Mittheilung machen soll, und die Vorschrift des § 133, daß der Erwerber eines Rechts an dem Schiffe sich auf die Unkenntniß eines eingetragenen Pfandrechts nicht berufen kann, soll gegen die Nachtheile schützen, welche sich daraus ergeben könnten, daß noch nach der Pfändung und in Unkenntniß derselben Vertragsrechte durch Eintragung in das Schiffsregister erworben werden. (Begr. S. 135.)

[2]) Da die Eintragung eines Pfandrechts nur auf Grund der Bewilligung des eingetragenen Eigenthümers erfolgen kann, und der Eigenthümer nur eingetragen wird, wenn er sein Recht glaubhaft gemacht hat (§ 125 Abs. 2), so ist immerhin eine Gewähr für die Richtigkeit der Angaben des Registers geschaffen, wenngleich sie nicht ausreicht, um dem Schiffsregister zu Gunsten der in dasselbe eingetragenen Pfandrechte öffentlichen Glauben beizulegen. An sich wird daher durch die Eintragung im Schiffsregister ein Pfandrecht nicht begründet, wenn der die Eintragung Bewilligende, entgegen den Angaben des Registers, in Wirklichkeit nicht Eigenthümer des Schiffes war. Indessen macht sich hier der Einfluß des Grundsatzes (Satz 2 Abs. 1) geltend, daß die Eintragung an die

Stelle der nach Landesrecht erforderlichen Besitzübertragung bei gutem Glauben des Pfanderwerbers zur Entstehung des Pfandrechts führt oder die Geltendmachung entgegenstehender Rechte sonst beschränkt [vgl. z. B. Art. 306 Abs. 2 H.G.B.]. (Begr. S. 184.)

[3]) Der vorgeschriebene Vermerk auf dem Schiffsbriefe (die Ingrossationsnote) soll diesen auch hinsichtlich der Schiffspfandrechte mit dem Inhalte des Registers in Einklang erhalten, und der Vermerk auf der etwa vorgelegten Verpfändungsurkunde dem Pfandgläubiger ein Beweismittel gewähren. Das Gesetz erfordert aber keine solche Urkunde, und die landesrechtlichen Bestimmungen, welche im Falle einer blos symbolischen Uebergabe eine besondere Urkunde für nothwendig erklären (§ 273 I 20 A.L.R.) finden gegenüber diesem Gesetze, welches die Eintragung der wirklichen Besitzübertragung gleichstellt, keine Anwendung (Begr. S. 135).

§. 132.

Der Uebergang der Forderung auf einen Anderen ist auf Antrag in das Schiffsregister einzutragen. Der Antrag kann sowohl von dem bisherigen wie von dem neuen Gläubiger gestellt werden. Zur Begründung des Antrages genügt im letzteren Falle die Beibringung der Abtretungserklärung oder der Eintragungsbewilligung des bisherigen Gläubigers.

Ist das Pfandrecht erloschen, so erfolgt die Löschung auf Antrag desjenigen, welcher als Eigenthümer des Schiffes in das Schiffsregister eingetragen ist; zur Begründung des Antrages genügt die Beibringung der Quittung oder der Löschungsbewilligung des eingetragenen Pfandgläubigers oder seines Rechtsnachfolgers.

Die Bestimmung im §. 131 Absatz 4 findet entsprechende Anwendung.[1])

Zu § 132.

[1]) **Abtretung und Erlöschen des Pfandrechts.** Die Abtretung eingetragener Forderungen und ihr Erlöschen bestimmt sich nach den Grundsätzen des bürgerlichen Rechts für die Uebertragung und das Erlöschen des Pfandrechts an beweglichen Sachen, und ist von der Eintragung dieser Thatsachen in das Register unabhängig. Die Eintragung einer Cession kann von dem Cedenten oder von dem Cessionar auf Grund der Cession oder Umschreibungsbewilligung des Cedenten, die Löschung von dem Schiffseigenthümer auf Grund der Quittung oder Löschungsbewilligung des eingetragenen Gläubigers oder seines Rechtsnachfolgers beantragt werden. Die Beibringung des Schiffsbriefes und der etwa vorhandenen Verpfändungsurkunde sind nicht obligatorisch, wie aus der Fassung der beiden ersten Absätze dieses Paragraphen („zur Begründung des Antrags genügt") hervorgeht.

§. 133.

Wer ein Recht an dem Schiffe erwirbt, solange das Pfandrecht in dem Schiffsregister eingetragen ist, kann sich nicht darauf berufen, daß ihm das Pfandrecht unbekannt geblieben sei.[1])

Zu § 133.

[1]) Der § 133 schließt die aus dem zweiten Satze des § 131 Abs. 1 sich ergebende Anwendung der landesrecht-

lichen Grundsätze über den Schutz des gutgläubigen Erwerbers insoweit aus, als der gute Glaube auf die Unkenntniß des eingetragenen Pfandrechts gestützt wird. (Begr. S. 136.)

§. 134.

Die zur Begründung des Antrages auf Eintragung des Pfandrechts, auf Uebertragung sowie auf Löschung erforderlichen Erklärungen sind, falls sie nicht vor der Registerbehörde abgegeben werden, in gerichtlich oder notariell beglaubigten Urkunden beizubringen.[1])

Der Nachweis einer anderen zur Begründung der Eintragung oder der Löschung erforderlichen Thatsache ist, sofern sie nicht bei der Registerbehörde offenkundig ist, durch öffentliche Urkunden zu führen.

Zu § 134.

[1]) Unter den hier erwähnten gerichtlich oder notariell beglaubten Urkunden werden auch die gerichtlich oder notariell aufgenommenen zu verstehen sein, da diese noch mehr als nur die Beglaubigung der Unterschrift enthalten.

§. 135.

Soweit nach den Landesgesetzen die Verpfändung von Binnenschiffen durch Eintragung in das Schiffsregister oder auf Grund einer solchen Eintragung erfolgt, finden die Vorschriften dieser Gesetze an Stelle der §§. 131 bis 134 mit der Maßgabe Anwendung, daß die Eintragung in das in dem gegenwärtigen Gesetze vorgesehene Register (§. 120, §. 130 Absatz 2) zu bewirken ist.[1])

Zu § 135.

[1]) Mit Rücksicht darauf, daß die Verpfändung der Schiffe voraussichtlich im künftigen bürgerlichen Gesetzbuche geregelt werden wird, hat der zehnte Abschnitt dieses Gesetzes wahrscheinlich nur eine vorübergehende Bedeutung. Deshalb ist es rathsam, diejenigen Landesgesetze (von Hamburg und Bremen), nach welchen schon gegenwärtig die Verpfändung von Binnenschiffen mittelst Eintragung in das Schiffsregister oder auf Grund einer solchen (mittelst Uebergabe von Pfandbriefen) erfolgt, einstweilen aufrecht zu erhalten. Um den Zweifel auszuschließen, ob nicht für die auf Grund der landesgesetzlichen Vorschriften zu bewirkenden Eintragungen auch künftighin ein besonderes, nach den bisherigen Bestimmungen eingerichtetes Register weiter geführt werden müsse, ist ausdrücklich vorgesehen, daß zwar für diese Eintragungen das Landesgesetz maßgebend bleibt, daß sie aber in dem Register Aufnahme zu finden haben, in welches das Schiff auf Grund des Reichsgesetzes eingetragen ist. Aus § 130 Abs. 2 ergiebt sich, daß bezüglich der bei dem Inkrafttreten dieses Gesetzes (1. Januar 1896) bereits eingetragenen Schiffe das vorhandene Register weiter zu verwenden ist. (Begr. S. 133, 136.)

§. 136.[1])

In Bezug auf die Zwangsvollstreckung in Schiffe, welche in das Schiffsregister eingetragen sind, gelten, soweit nicht nach den Landesgesetzen die Binnenschiffe in Ansehung der Zwangsvollstreckung zum unbeweglichen Vermögen gehören, die folgenden Bestimmungen:

1. Der Gerichtsvollzieher hat der Registerbehörde behufs Eintragung eines Pfändungsvermerks in

das Schiffsregister unverzüglich von der Pfändung Mittheilung zu machen. Die Eintragung des Vermerks hat in Bezug auf später entstandene Rechte an dem Schiffe die im §. 133 bezeichnete Wirkung.

2. Sobald die Versteigerung des Schiffes erfolgt ist, hat der Gerichtsvollzieher dies unter Hinterlegung des Erlöses dem Vollstreckungsgerichte anzuzeigen und die auf das Verfahren sich beziehenden Schriftstücke beizufügen. [2])

3. Das Gericht erläßt nach Eingang der Anzeige eine öffentliche Bekanntmachung, in welcher die Schiffsgläubiger und sonstigen Realberechtigten, welche einen Anspruch auf Befriedigung aus dem Versteigerungserlöse geltend zu machen haben, aufgefordert werden, ihre Forderungen binnen einer auf mindestens einen Monat und auf höchstens zwei Monate festzusetzenden Frist bei dem Vollstreckungsgerichte anzumelden. Der Beschluß ist dem die Zwangsvollstreckung betreibenden Gläubiger, dem Schuldner und den aus dem Schiffsregister ersichtlichen oder sonst bekannten Realberechtigten zuzustellen. Die Veröffentlichung der Bekanntmachung erfolgt durch Anheftung an die Gerichtstafel und durch Einrückung in das zur Veröffentlichung amtlicher Bekanntmachungen des Gerichts bestimmte Blatt. Die Veröffentlichung soll außerdem in einem

geeigneten Fachblatt bewirkt werden. Das Gericht kann noch andere Arten, sowie eine Wiederholung der Veröffentlichung anordnen.[3])

4. Nach Ablauf der Anmeldefrist hat das Gericht, falls andere Forderungen, als diejenige des die Zwangsvollstreckung betreibenden Gläubigers nicht angemeldet sind, den letzteren hiervon zu benachrichtigen und zugleich den Gerichtsvollzieher zum Rückempfang des hinterlegten Versteigerungserlöses nach Abzug der entstandenen Kosten zu ermächtigen.

Andernfalls wird von dem Gerichte ein Vertheilungsplan angefertigt und zur Erklärung über denselben, sowie zur Ausführung der Vertheilung ein Termin bestimmt, zu welchem der Schuldner, der betreibende Gläubiger und diejenigen, welche Forderungen angemeldet haben, zu laden sind.

Gläubiger, welche erst nach Ablauf der Anmeldefrist eine Forderung anmelden, haben die durch die verspätete Anmeldung entstehenden besonderen Kosten zu tragen.[4])

5. Eine angemeldete Forderung ist auf Verlangen eines Betheiligten glaubhaft zu machen; in Ermangelung der Glaubhaftmachung ist die Forderung in den Vertheilungsplan nicht aufzunehmen, unbeschadet des Rechts des Gläubigers, Widerspruch gegen den Vertheilungsplan und

Klage gegen die betheiligten Gläubiger und den Schuldner zu erheben.[5])

6. Im Uebrigen finden die das Vertheilungsverfahren betreffenden Bestimmungen im §. 760 Absatz 2, §§. 761 bis 768 der Civilprozeßordnung mit der Maßgabe Anwendung, daß der Widerspruch des Schuldners gegen den Vertheilungsplan, soweit er sich auf die Berücksichtigung einer nicht vollstreckbaren Forderung bezieht, dem Widerspruche eines betheiligten Gläubigers gleichsteht.[6])

Zu § 136.

[1]) **Zwangsvollstreckung in Schiffe.** a. Die §§ 136, 137 wollen nur vorläufig die Zwangsvollstreckung in Binnenschiffe regeln, und auch nur insoweit, als diese nicht nach den Landesgesetzen in Ansehung der Zwangsvollstreckung zum unbeweglichen Vermögen gehören. Für die Zwangsvollstreckung gelten als Immobilien in Preußen für das Gebiet der früheren Subhastationsordnung vom 15. März 1869 alle zur Frachtschiffahrt bestimmten Schiffsgefäße, und in Hannover alle Flußschiffe von wenigstens 5 Last Tragfähigkeit (Preuß. G. betr. die Zwangsvollstreckung in das unbewegliche Vermögen vom 13. Juli 1883 § 1 Nr. 4, Subhastationsordnung vom 15. März 1869 § 1; Allg. bürgerl. Prozeßordnung für Hannover vom 8. November 1859 § 558), ferner in Oldenburg alle Flußschiffe, welche der Vermessung unterliegen (G. betr. die Z.V. in das unbew. Verm. vom 2. April 1879 Art. 89 ff.), sowie in Hamburg (G. betr. die Z.V. in das unbew. Verm. vom 14. Juli 1879 § 1) und Bremen (G. betr. die Z.V. wegen Geldforderungen in Schiffe u. s. w. vom 15. De-

zember 1887) die Flußschiffe von mehr als 50 Kubikmeter Brutto-Raumgehalt. (Begr. S. 136.)

b. Die §§ 136, 137 finden daher auf registrirte, inländische Binnenschiffe insoweit Anwendung, als zur Zeit die Zwangsvollstreckung in Binnenschiffe nach den Bestimmungen der C.P.O. über die Z.V. in das bewegliche Vermögen, also mittelst Pfändung und Versteigerung durch den Gerichtsvollzieher erfolgt. Diese Bestimmungen werden durch einige Vorschriften ergänzt, welche den Realgläubigern, insbesondere den Schiffsgläubigern und eingetragenen Pfandgläubigern, die Gelegenheit bieten sollen, ihre Ansprüche auf den Auktionserlös geltend zu machen. (Begr. S. 137, 138.)

c. Der Art. 446 Abs. 1 H.G.B., welcher die Beschlagnahme eines zum Abgehen fertigen Schiffs wegen Schulden verbietet, ist in das Gesetz nicht übernommen; ebensowenig Abs. 2 desselben, welcher die Beschlagnahme von bereits an Bord des Schiffes befindlichen Gütern zur Erwirkung der Ausladung beschränkt, weil nach den Vorschriften der C.P.O. eine unmittelbare Pfändung solcher Güter ohne Zustimmung des Schiffers überhaupt nicht möglich ist (§ 713). Gegenstand der Pfändung kann dann nur der Anspruch auf Herausgabe der Güter sein (§§ 745, 746 l. c.), und die Beschränkungen, welchen dieser Anspruch nach den §§ 36—38 des Gesetzes unterliegt, sind auch im Falle der Zwangsvollstreckung in denselben ohne Weiteres maßgebend. (Begr. S. 139.)

[2]) a. Der Pfändungsvermerk im Register soll spätere Erwerber von Rechten an dem Schiffe verhindern, die Unkenntniß der Pfändung geltend zu machen.

b. Der Auktionserlös ist von dem Gerichtsvollzieher zu hinterlegen (nicht auszuzahlen), und die Versteigerung mit ihrem Erfolge unter Ueberreichung der darauf sich beziehenden Schriftstücke dem Vollstreckungsgerichte anzuzeigen.

[3]) Das Gericht erläßt ein Aufgebot der Gläubiger, in bestimmter Frist ihre Ansprüche geltend zu machen, und zwar durch Zustellung an die in Ziff. 3 bezeichneten Personen und durch öffentliche Bekanntmachung in den dort angegebenen Blättern.

[4]) Ist keine weitere Forderung als die des Gläubigers angemeldet, welcher die Zwangsvollstreckung betrieb, so wird der Gerichtsvollzieher zum Rückempfange des hinterlegten Betrages abzüglich der entstandenen Kosten ermächtigt und hat den Rest, soweit er zur Deckung der Forderung jenes Gläubigers erforderlich ist, an diesen zu zahlen.

Sind mehrere Forderungen angemeldet, so findet das Vertheilungsverfahren im Wesentlichen nach der C.P.O. statt.

[5]) Während bei dem Vertheilungsverfahren nach der C.P.O. nur vollstreckbare Forderungen konkurriren, werden hier regelmäßig noch nicht festgestellte Forderungen von Schiffsgläubigern und eingetragenen Pfandgläubigern angemeldet sein. Widerspricht ein Betheiligter (zu denen hier auch der Schuldner gehört) einer solchen, so hat der Anmeldende die Forderung glaubhaft zu machen, und falls eine ausreichende Bescheinigung nicht beigebracht wird, ist die Forderung im Vertheilungsplan nicht zu berücksichtigen. Der Anmeldende kann dann aber Widerspruch gegen den Plan und die Klage gegen die betheiligten Gläubiger und den Schuldner erheben.

[6]) a. Die angezogenen Bestimmungen der C.P.O. lauten wie folgt:

§ 760 Abs. 2. Der Betrag der Kosten des Verfahrens ist von dem Bestande der Masse vorweg in Abzug zu bringen.

761. Das Gericht hat zur Erklärung über den Theilungsplan sowie zur Ausführung der Vertheilung einen Termin zu bestimmen. Der Theilungsplan muß spätestens drei Tage vor dem Termine auf der Gerichtsschreiberei zur Einsicht der Betheiligten niedergelegt werden.

Die Ladung des Schuldners zu dem Termin ist nicht erforderlich, wenn sie durch Zustellung im Ausland oder durch öffentliche Zustellung erfolgen müßte.

762. Wird in dem Termin ein Widerspruch gegen den Plan nicht erhoben, so ist dieser zur Ausführung zu bringen. Erfolgt ein Widerspruch, so hat sich jeder bei demselben betheiligte Gläubiger sofort zu erklären. Wird der Widerspruch von den Betheiligten als begründet anerkannt oder kommt anderweit eine Einigung zu Stande, so ist der Plan demgemäß zu berichtigen. Wenn ein Widerspruch sich nicht erledigt, so erfolgt die Ausführung des Plans insoweit, als der Plan durch den Widerspruch nicht betroffen wird.

763. Gegen einen Gläubiger, welcher in dem Termine weder erschienen ist noch vor dem Termine bei dem Gerichte Widerspruch erhoben hat, wird angenommen, daß er mit der Ausführung des Plans einverstanden sei.

Ist ein in dem Termine nicht erschienener Gläubiger bei dem Widerspruche betheiligt, welchen ein anderer Gläubiger erhoben hat, so wird angenommen, daß er diesen Widerspruch nicht als begründet anerkenne.

764. Der widersprechende Gläubiger muß ohne vorherige Aufforderung binnen einer Frist von einem Monate, welche mit dem Terminstage beginnt, dem Gerichte nachweisen, daß er gegen die betheiligten Gläubiger Klage erhoben habe. Nach fruchtlosem Ablaufe dieser Frist wird die Ausführung des Plans ohne Rücksicht auf den Widerspruch angeordnet.

Die Befugniß des Gläubigers, welcher dem Plane widersprochen hat, ein besseres Recht gegen den Gläubiger, welcher einen Geldbetrag nach dem Plane erhalten hat, im Wege der Klage geltend zu machen, wird durch die Versäumung der Frist und durch die Ausführung des Plans nicht ausgeschlossen.

765. Die Klage ist bei dem Vertheilungsgericht und, wenn der Streitgegenstand zur Zuständigkeit der Amtsgerichte nicht gehört, bei dem Landgerichte zu erheben, in dessen Bezirke das Vertheilungsgericht seinen Sitz hat.

Das Landgericht ist für sämmtliche Klagen zuständig, wenn seine Zuständigkeit nach dem Inhalte der erhobenen und in dem Termine nicht zur Erledigung gelangten Widersprüche auch nur in Betreff einer Klage begründet ist, sofern nicht die sämmtlichen betheiligten Gläubiger vereinbaren, daß das Vertheilungsgericht über alle Widersprüche entscheiden solle.

766. In dem Urtheile, durch welches über einen erhobenen Widerspruch entschieden wird, ist zugleich zu bestimmen, an welche Gläubiger und in welchen Beträgen der streitige Theil der Masse auszuzahlen sei. Wird dies nicht für angemessen erachtet, so ist die Anfertigung eines neuen Plans und ein anderweites Vertheilungsverfahren in dem Urtheile anzuordnen.

767. Das Versäumnißurtheil gegen einen widersprechenden Gläubiger ist dahin zu erlassen, daß der Widerspruch als zurückgenommen anzusehen sei.

768. Auf Grund des erlassenen Urtheils wird die Auszahlung oder das anderweite Vertheilungsverfahren von dem Vertheilungsgericht angeordnet.

b. Die in Ziff. 6 enthaltene Maßgabe war nothwendig, weil hier auch der S c h u l d n e r die Befugniß haben muß, die Glaubhaftmachung einer angemeldeten Forderung zu verlangen und weil seinem Widerspruche gegen eine nicht vollstreckbare Forderung die Wirkung beizulegen ist, welche nach der C.P.O. dem Widerspruche eines betheiligten Gläubigers zukommt. (Begr. S. 138.)

§. 137.

Auf die Zwangsvollstreckung in den Antheil eines Miteigenthümers des Schiffes finden die Bestimmungen des §. 136 nur dann Anwendung, wenn ein Pfandrecht an dem Antheile in das Schiffsregister eingetragen ist.[1])

Zu § 137.

[1]) Ist ein Pfandrecht an dem Antheile nicht eingetragen, so bedarf es dann eines besonderen Schutzes Dritter nicht. Gesetzliche Pfandrechte können an dem Antheile eines Miteigenthümers nicht bestehen und die auf dem Schiffe selbst haftenden Pfandrechte werden durch die Zwangsvollstreckung in den einzelnen Antheil nicht berührt (Begr. S. 138).

Elfter Abschnitt.

Schlußbestimmungen.

§. 138.

Die den Landgerichten in erster Instanz zugewiesenen bürgerlichen Rechtsstreitigkeiten, in welchen durch die Klage ein Anspruch aus den Rechtsverhältnissen der Binnenschiffahrt geltend gemacht wird, gehören vor die Kammern für Handelssachen. Dies gilt insbesondere von Klagen aus Rechtsverhältnissen, welche auf die Rechte und Pflichten des Schiffseigners, auf die Haverei, auf den Schadensersatz im Falle des Zusammenstoßes von Schiffen, auf die Bergung und Hülfeleistung und auf die Ansprüche der Schiffsgläubiger sich beziehen.

In diesen Rechtsstreitigkeiten wird die Verhandlung und Entscheidung letzter Instanz im Sinne des §. 8 des Einführungsgesetzes zum Gerichtsverfassungsgesetze dem Reichsgerichte zugewiesen. [1])

Zu § 138.

[1]) Unberührt bleibt die Zuständigkeit der Gewerbegerichte für Streitigkeiten zwischen Personen der Schiffsmannschaft und dem Schiffer oder Schiffseigner eines Binnenfahrzeugs (Begr. S. 139).

§. 139.

Bei Schiffen, welche nur zu Fahrten innerhalb desselben Ortes bestimmt sind, finden auf das Rechtsverhältniß des Schiffers, sowie auf die Beförderung von Gütern die Bestimmungen in §. 8 Absatz 4, §§. 15 bis 19, 27 bis 57 und §. 71 Absatz 1 keine Anwendung. [1])

Durch die Landesregierungen kann bestimmt werden, daß Fahrten zwischen benachbarten Orten der Fahrt innerhalb desselben Ortes im Sinne des ersten Absatzes gleichstehen. [2])

Auf Schiffahrtsbetriebe, welche im Anschlusse an den Eisenbahnverkehr geführt werden und der staatlichen Eisenbahnaufsichtsbehörde unterstellt sind, finden die vorhergehenden Bestimmungen dieses Gesetzes keine Anwendung.

Das Gleiche gilt bezüglich des Betriebes von Fähranstalten, soweit nicht der Betrieb mittelst frei schwimmender Schiffe stattfindet. [3])

Zu § 139.

[1]) Für den Schiffahrtsverkehr zwischen verschiedenen Stellen desselben Ortes durch Schiffe, welche nur zu solchen Fahrten bestimmt sind (Schuten u. dgl.), sind die im § 139 angeführten Bestimmungen dieses Gesetzes über das Rechtsverhältniß des Schiffers und die Güterbeförderung — weil darauf nicht passend — als unanwendbar erklärt; insoweit dies der Fall ist, wird es daher bei der im örtlichen Verkehr bestehenden Uebung bewenden.

[2]) Der Abs. 2 ermächtigt die Landesregierungen mit Rücksicht auf die lokalen Umstände Fahrten zwischen benachbarten Orten den Fahrten innerhalb desselben Ortes im Sinne des Abs. 1 gleichzustellen. Der Abs. 3 schließt die darin bezeichneten Schiffahrtsbetriebe wegen ihrer engen Verbindung mit der Eisenbahn, an welche sie sich anschließen, von der Anwendung dieses Gesetzes aus, weil auf solche Transporte im Wesentlichen die für die Eisenbahn geltenden Bestimmungen anzuwenden sind. Dies trifft namentlich bei den von den Eisenbahnen selbst betriebenen Trajektanstalten zu, auf welchen Personen und Güter in und mit den Eisenbahnwagen übergesetzt werden. Auch für manche andere Schiffahrtsunternehmungen, insbesondere für die Dampfschiffahrt auf dem Bodensee, welche den Bestimmungen des Berner Vertrages über den internationalen Eisenbahnfrachtverkehr unterliegt, gilt der bezeichnete Gesichtspunkt (Begr. S. 140).

[3]) Der Abs. 4 hat darin seinen Grund, daß bei den dort bezeichneten Fähranstalten ein eigentlicher Schiffahrtsbetrieb nicht vorliegt (Begr. S. 140).

§. 140.

Der Bundesrath ist befugt, Bestimmungen über den Befähigungsnachweis der Schiffer und Maschinisten für Binnenschiffe zu treffen. Bezüglich der Schiffahrt auf Seen, welche keine fahrbare Verbindung mit einer anderen Wasserstraße haben, steht die Befugniß der Landesregierung zu.[1])

Wer den Bestimmungen zuwider das Gewerbe eines Schiffers oder Maschinisten ausübt, wird mit Geldstrafe bis zu dreihundert Mark bestraft.[2])

Zu § 140.

[1]) Der Abs. 3 des § 31 Gewerbeordnung beschränkt sich mit Bezug auf den Befähigungsnachweis hinsichtlich der Binnenschiffahrt auf die Vorschrift, daß insoweit als in Betreff der Schiffer und Lootsen auf Strömen in Folge von Schiffahrtsverträgen besondere Bestimmungen getroffen sind, es bei diesen sein Bewenden behält. Ferner überläßt der § 34 Abs. 3 Gewerbeordnung den Landesgesetzen, den Betrieb des Lootsengewerbes an eine besondere Genehmigung zu knüpfen. An diesen beiden Bestimmungen wird durch das vorliegende Gesetz Nichts geändert. Der § 140 Abs. 1 verleiht dem Bundesrath, und auf abgeschlossenen Seen den Landesregierungen die Befugniß, unter Berücksichtigung der jeweils auf den einzelnen Wasserstraßen obwaltenden Verhältnisse Bestimmungen über den Befähigungsnachweis der Schiffer und Maschinisten auf Binnenschiffen zu treffen. In der Plenarsitzung des Reichstags vom 29. April 1895 blieb die Frage streitig, inwieweit nach dem § 140 Abs. 1 der Bundesrath befugt ist, auch innerhalb der bestehenden Schiffskonventionen auf Grund einer Verständigung mit den Vertragsstaaten die Bestimmungen über den Befähigungsnachweis zu ändern, wenn diese Verträge das Recht, den Befähigungsnachweis zu ordnen, ausdrücklich der Landesgesetzgebung oder

Landesverwaltung oder der vertragsmäßigen Feststellung durch die betheiligten Regierungen vorbehalten.

[2]) Der Abs. 2 dieses Paragraphen entspricht der Bestimmung im § 147 Ziff. 1 Gewerbeordnung.

§. 141.

Welche Behörden in jedem Bundesstaate unter der Bezeichnung „höhere Verwaltungsbehörde" im Sinne dieses Gesetzes zu verstehen sind, wird durch die Centralbehörde des Bundesstaates bekannt gemacht.

§. 142.

Dieses Gesetz tritt am 1. Januar 1896 in Kraft.

Urkundlich unter Unserer Höchsteigenhändigen Unterschrift und beigedrucktem Kaiserlichen Insiegel.

Gegeben Neues Palais, den 15. Juni 1895.

(L. S.) **Wilhelm.**

Fürst zu Hohenlohe.

(2246.)

Gesetz,

betreffend

die privatrechtlichen Verhältnisse der Flößerei.

Vom 15. Juni 1895.

(R.G.Bl. 1895. Nr. 23. S. 341.)

Wir **Wilhelm**, von Gottes Gnaden Deutscher Kaiser, König von Preußen 2c.

verordnen im Namen des Reichs, nach erfolgter Zustimmung des Bundesraths und des Reichstags was folgt:[1])

[1]) a. Am 13. Dezember 1894 legte der Reichskanzler dem Reichstag den Entwurf eines Gesetzes betr. die privatrechtlichen Verhältnisse der Flößerei vor (Nr. 82 der Drucksachen. 9. Legislatur-Periode 3. Session 1894/95). Derselbe wurde in den Sitzungen vom 26. Januar 1895 zum ersten Male berathen und an eine Kommission verwiesen, welche in Nr. 253 der Drucksachen ihren Bericht erstattete. Die zweite Berathung fand im Reichstage am 29. April und die dritte am 4. Mai 1895 statt. Das aus jenen Berathungen hervorgegangene Gesetz ist am 15. Juni 1895 sanktionirt und im Reichs-Gesetzblatt Nr. 23 de 1895 S. 341 veröffentlicht. Nach § 142 desselben tritt es am 1. Januar 1896 in Kraft.

b. Das Gesetz betrifft nur die Flößerei mit verbundenen Hölzern, und schließt sich im Großen und Ganzen dem Gesetz über die privatrechtlichen Verhältnisse der Binnenschiffahrt an.

§. 1.

Floßführer ist, wer ein Floß auf Flüssen oder sonstigen Binnengewässern führt, gleichviel ob er bei einem Unternehmer, welcher die Beförderung des Floßes übernommen hat (Frachtflößer), oder bei dem Eigenthümer des Floßes im Dienste steht, oder ob er die Beförderung des Floßes selbst als Frachtflößer übernommen hat.[1])

Zu § 1.

[1]) **Flossführer.** a. Unter den Floßführer versteht das Gesetz denjenigen, welchem als dem Vorgesetzten der übrigen Floßbesatzung die verantwortliche Führung des Floßes obliegt. Unter Frachtflößer ist derjenige verstanden, welcher — in der Regel gegen eine Gesammtvergütung — die Beförderung des Floßes übernommen hat (den Frachtführer). Auf das Verhältniß eines solchen Unternehmers zu dem Absender und Empfänger finden unter der Voraussetzung des gewerbemäßigen Betriebes die Bestimmungen der Art. 390—420 H.G.B. Anwendung.

b. Der Floßführer kann in einem Dienstverhältnisse zu dem Frachtflößer oder zu dem Floßeigenthümer stehen; ersteres ist der Fall, wenn er von dem Frachtflößer zur Führung des Floßes angenommen ist, letzteres wenn er von dem Floßeigenthümer, welcher selbst die Beförderung besorgt und die Floßbesatzung anstellt, zu jenem

Dienste angenommen ist. Der Frachtflößer kann zugleich thatsächlich die Stellung des Floßführers ausüben.

§. 2.

Der Floßführer ist verpflichtet, bei seinen Obliegenheiten, namentlich bei der Erfüllung der von ihm auszuführenden Verträge, die Sorgfalt eines ordentlichen Floßführers anzuwenden.

Er haftet für jeden durch die Vernachlässigung dieser Sorgfalt entstandenen Schaden nicht nur dem Dienstherrn, sondern auch dem Absender und dem Empfänger des Floßes, sowie den Personen der Floßmannschaft, es sei denn, daß er auf Anweisung des Dienstherrn gehandelt hat.

Auch in dem letzteren Falle bleibt der Floßführer verantwortlich, wenn er es unterlassen hat, dem Dienstherrn die nach Lage des Falles erforderliche Aufklärung zu ertheilen, oder wenn ihm eine strafbare Handlung zur Last fällt.[1])

Zu § 2.

[1]) a. Der § 2 entspricht dem § 7 G. über die Binnenschiffahrt, dessen Abs. 4 betr. die Haftung des Dienstherrn für seine Anweisungen als hier entbehrlich nicht ausdrücklich übernommen ist. (Begr. S. 10.)

b. Unter „Absender" ist im vorliegenden Gesetze derjenige verstanden, welcher die Beförderung seines Floßes einem Frachtflößer übertragen hat (Begr. S. 10), unter Empfänger derjenige, an welchen das Floß abgeliefert werden soll, auf den der Frachtbrief oder Lieferschein lautet (Komm.Ber. S. 1.)

§. 3.

Der Floßführer hat vor Antritt der Reise dafür zu sorgen, daß das Floß fest und dauerhaft verbunden, gehörig ausgerüstet, insbesondere mit den nöthigen Reserveausrüstungsgegenständen versehen und hinreichend bemannt ist.[1])

Dauert die Reise voraussichtlich so lange, daß ein Uebernachten der Floßmannschaft auf dem Floße nöthig ist, so muß das letztere mit einem Schlafraume versehen sein.[2])

Zu § 3.

[1]) Der Abs. 1 des § 3 entspricht dem § 8 Abs. 1 G. über die Binnenschiffahrt. Die Flößereibetriebe unterliegen den Bestimmungen des § 120a Gewerbeordnung, wonach die Unternehmer verpflichtet sind, die Betriebsvorrichtungen und Geräthschaften so einzurichten und zu unterhalten und den Betrieb so zu regeln, daß die Arbeiter gegen Gefahren für Leben und Gesundheit soweit geschützt sind, wie es die Natur des Betriebes gestattet.

[2]) Der Abs. 2 des § 3 ist in der Kommission entstanden. (Ber. S. 4.)

§. 4.

Der Floßführer hat vor Antritt der Reise sich zu überzeugen, daß die Angaben über Stückzahl und Länge der Hölzer in den auf die Beförderung bezüglichen Urkunden (Frachtbrief, Lieferschein) richtig sind, und die Aenderung unrichtiger Angaben herbeizuführen. Unterläßt er dies, so wird bis zum Beweise des Gegentheils angenommen, daß der Floßführer die

Hölzer in der Zahl und Länge, wie sie in den Urkunden verzeichnet sind, empfangen hat.[1])

Für Borkeverlust ist der Floßführer sowie der Frachtflößer nur im Falle einer böslichen Handlungsweise verantwortlich.

Zu § 4.

[1]) a. Die Verantwortlichkeit des Floßführers für die richtige Ablieferung der ihm übergebenen Hölzer folgt aus § 2. Es ist ihm die Verpflichtung auferlegt, vor Antritt der Reise zu prüfen, ob die Angaben der Begleitpapiere (Frachtbrief oder Lieferschein) über Zahl und Länge der Hölzer richtig sind, und etwa unrichtige Angaben berichtigen zu lassen; anderenfalls werden diese Angaben als richtig angenommen, vorbehaltlich des ihm obliegenden Beweises des Gegentheils. Hinsichtlich der etwaigen anderen Angaben in den auf die Beförderung bezüglichen Urkunden (Stärke, Breite, Art oder Beschaffenheit der Hölzer) ist eine Prüfungspflicht unter dem gleichen Präjudiz nicht angedroht.

b. Die hier aufgestellte Beweisvermuthung beschränkt sich nicht ausschließlich auf das Verhältniß des Floßführers zu den übrigen Betheiligten, sondern ist in gleicher Weise für die Haftung des Frachtflößers, in dessen Diensten der Floßführer steht, maßgebend. Auch dieser hat daher die Angaben des Frachtbriefes oder Lieferscheins über Stückzahl und Länge der Hölzer gegen sich gelten zu lassen. Ist der Lieferschein als Ladeschein (Art. 413—419 H.G.B.) verwendet, so genügt nicht einmal der Nachweis der Unrichtigkeit der Angaben, um den Frachtflößer schlechthin von der Haftung zu befreien; in einem solchen Falle ist vielmehr der Frachtflößer dem legitimirten Besitzer des Scheins für jeden Schaden, welcher diesem durch die von dem Frachtflößer verschuldete Unrichtigkeit der Angaben entstanden ist, verantwortlich. (RG. V, 81, Begr. S. 11.)

§. 5.

Wenn der Floßführer durch Krankheit oder andere Ursachen verhindert ist, das Floß zu führen, so darf er den Antritt oder die Fortsetzung der Reise nicht ungebührlich verzögern; er muß vielmehr, wenn Zeit und Umstände es gestatten, die Anordnung des Dienstherrn einholen und für die Zwischenzeit die geeigneten Vorkehrungen treffen, im entgegengesetzten Falle aber einen anderen Floßführer einsetzen.

Für diesen Stellvertreter ist er nur insofern verantwortlich, als ihm bei der Wahl desselben ein Verschulden zur Last fällt.[1])

Zu § 5.

[1]) Der § 5 entspricht dem § 9 G. über die Binnenschiffahrt.

§. 6.

Der Floßführer ist verpflichtet, von Beschädigungen des Floßes, von Verlusten an Ausrüstungsgegenständen sowie von der Einsetzung eines anderen Floßführers (§. 5) den Dienstherrn in Kenntniß zu setzen.

Er hat in allen erheblichen Fällen, namentlich wenn er die Reise einzustellen oder zu verändern sich genöthigt findet, die Ertheilung von Verhaltungsmaßregeln bei dem Dienstherrn nachzusuchen, sofern es die Umstände gestatten.[1])

Zu § 6.

[1]) Der § 6 entspricht dem Abs. 1 des § 9 G. über die Binnenschiffahrt.

§. 7.

Wenn der Floßführer nicht im Dienste eines Frachtflößers oder des Floßeigenthümers steht, sondern selbst als Frachtflößer die Beförderung des Floßes übernommen hat, so sind die in den §§. 5 und 6 vorgeschriebenen Mittheilungen an den Absender zu richten.

§. 8.[1])

Wird das Floß von einem Unfall betroffen, so ist der Floßführer berechtigt und auf Verlangen seines Dienstherrn, des Absenders oder des Empfängers des Floßes verpflichtet, vor dem Amtsgerichte des Ortes, an welchem die Reise endet, und, wenn das Floß vorher an einem anderen Orte längere Zeit liegen bleiben muß, vor dem Amtsgerichte dieses Ortes eine Beweisaufnahme über den thatsächlichen Hergang, sowie über den Umfang des eingetretenen Schadens und über die zur Abwendung oder Verringerung desselben angewendeten Mittel zu beantragen. Er hat sich selbst zum Zeugnisse zu erbieten und die zur Feststellung des Sachverhältnisses sonst dienlichen Beweismittel zu bezeichnen.

Zu § 8.

[1]) Die §§ 8—11 entsprechen den §§ 11—14 G. über die Binnenschiffahrt.

§. 9.

Zur Aufnahme des Beweises bestimmt das Gericht einen thunlichst nahen Termin, zu welchem der Floßführer und die sonst bezeichneten Zeugen zu laden sind. Dem Dienstherrn des Floßführers sowie dem Absender und dem Empfänger des Floßes ist von dem Termine Mittheilung zu machen, soweit es ohne unverhältnißmäßige Verzögerung des Verfahrens geschehen kann. Die Mittheilung kann durch öffentliche Bekanntmachung erfolgen.

§. 10.

Die Aufnahme des Beweises erfolgt nach den Vorschriften der Civilprozeßordnung.

Soweit hiernach nicht die Beeidigung des Floßführers ausgeschlossen ist, beschließt über dieselbe das Gericht nach freiem Ermessen.

Der Dienstherr des Floßführers, der Absender und der Empfänger des Floßes, sowie die etwa sonst durch den Unfall Betroffenen sind berechtigt, in Person oder durch Vertreter der Verhandlung beizuwohnen. Sie können eine Ausdehnung der Beweisaufnahme auf weitere Beweismittel beantragen.

Das Gericht ist befugt, eine Ausdehnung der Beweisaufnahme auch von Amtswegen anzuordnen, soweit dies zur Aufklärung des Sachverhalts erforderlich erscheint.

§. 11.

In Bezug auf die Erhebung von Gebühren und Auslagen finden die für das Verfahren zur Sicherung des Beweises geltenden Bestimmungen des Gerichtskostengesetzes mit der Maßgabe Anwendung, daß als

Gebühr nur die Hälfte der dort vorgesehenen Sätze und höchstens ein Betrag von dreißig Mark erhoben wird.

Ist das Verfahren auf Verlangen des Absenders oder des Empfängers beantragt, so hat derselbe die entstandenen Kosten zu erstatten, soweit er nicht Anspruch auf Ersatz des durch den Unfall ihm entstandenen Schadens hat. Die Verpflichtung des Dienstherrn, dem Floßführer die verauslagten Kosten zu erstatten, wird hierdurch nicht berührt.

§. 12.[1])

Sobald das Floß am Ablieferungsorte angekommen ist, hat der Floßführer dies dem Empfänger anzuzeigen.

Wenn der Empfänger nicht zu ermitteln ist, so muß die Anzeige durch öffentliche Bekanntmachung in ortsüblicher Weise erfolgen.

Zu § 12.

[1]) Die §§ 12—14 enthalten Vorschriften für das Verhalten des Floßführers nach der Ankunft am Ablieferungsorte, gleichviel, ob derselbe von dem Floßeigenthümer oder dem Frachtflößer angestellt ist. Die Vorschriften schließen sich den §§ 46, 52 G. über die Binnenschiffahrt an.

§. 13.

Der Floßführer hat das Floß an dem ihm von dem Empfänger angewiesenen Platze festzulegen.

Wenn die Anweisung nicht rechtzeitig erfolgt, oder wenn die Wassertiefe, die örtlichen Verordnungen oder Einrichtungen oder die Sperrung des Platzes durch andere Flöße oder durch Schiffe die Befolgung der ertheilten Anweisung nicht gestatten, so kann der Floßführer, falls der Empfänger auf die Aufforderung nicht unverzüglich einen geeigneten Platz bezeichnet, selbst einen Platz zum Festlegen des Floßes wählen.

Bei der Auswahl dieses Platzes hat der Floßführer das Interesse des Empfängers thunlichst zu berücksichtigen; auch hat er ihm unverzüglich von der Festlegung des Floßes Mittheilung zu machen.

Ist der von dem Empfänger bezeichnete Platz nur zeitweilig nicht zu erreichen, so ist der Floßführer auf Verlangen des Empfängers verpflichtet, mit der Mannschaft so lange bei dem Floße zu bleiben, bis es an diesem Platze festgelegt ist. Die durch den Aufenthalt entstehenden Mehrkosten hat der Empfänger zu ersetzen.[1])

Zu § 13.

[1]) Der Abs. 4 des § 13 berücksichtigt den besonderen Fall, daß der vom Empfänger bezeichnete Platz nur zeitweilig nicht zu erreichen ist.

§. 14.

Verweigert der Empfänger die Annahme des Floßes oder ist er nicht zu ermitteln, so ist der Floßführer befugt, das Floß einem Spediteur oder einem sonst geeigneten Dritten für Rechnung und Gefahr des Empfängers zu übergeben.

Er hat hiervon den Absender und, falls der Empfänger bekannt ist, auch diesen unverzüglich zu benachrichtigen.[1])

Zu § 14.

[1]) Der § 14 entspricht dem § 52 G. über die Binnenschiffahrt. Eine Verpflichtung, wie angegeben zu verfahren, ist dem Floßführer nicht auferlegt, sondern nur eine Befugniß ertheilt, um sich von der custodia befreien zu können.

§. 15.

Zur Vornahme von Rechtsgeschäften für den Dienstherrn, insbesondere zur Einziehung der Frachtforderung desselben, ist der Floßführer nur auf Grund einer ihn hierzu ermächtigenden Vollmacht befugt.[1])

Zu § 15.

[1]) Der § 15 will jeden Zweifel darüber ausschließen, ob der Floßführer etwa wie der Schiffer (§ 15 G. über die Binnenschiffahrt) eine gewisse gesetzliche Vertretungsvollmacht für den Dienstherrn hat. Das Gesetz verneint dies. Der Floßführer kann daher die Frachtforderung nur auf Grund einer Vollmacht, die ihm im Frachtbrief oder Lieferschein ertheilt sein kann, einziehen.

§. 16.

Der Floßführer untersteht, soweit nicht in diesem Gesetze ein Anderes bestimmt ist, den Vorschriften, welche für die im §. 133 a der Gewerbeordnung bezeichneten Personen gelten.

Das Dienstverhältniß des Floßführers endigt, sofern nicht ein Anderes verabredet ist, mit der Vollendung der Reise und der Ablieferung des Floßes.

Hinsichtlich der Voraussetzungen, unter welchen beiden Theilen das Recht zusteht, die Auflösung des Dienstverhältnisses vor Ablauf der vertragsmäßigen Zeit und ohne Innehaltung einer Kündigungsfrist zu verlangen, bewendet es bei den Bestimmungen der §§. 133b bis 133d der Gewerbeordnung.

Ist ein die sofortige Entlassung rechtfertigender Grund nicht vorhanden, so kann der Floßführer zwar jederzeit seines Dienstes enthoben werden, jedoch unbeschadet seiner Entschädigungsansprüche für die vertragsmäßige Dauer des Dienstverhältnisses.

Wird das Dienstverhältniß vor der Ankunft des Floßes am Ablieferungsorte während der Reise aufgehoben, so hat der Floßführer Anspruch auf die Kosten der Rückreise nach dem Orte, in welchem er in Dienst getreten ist. Diese Bestimmung findet keine Anwendung, wenn der Floßführer sich einer Handlung schuldig gemacht hat, welche geeignet ist, seine sofortige Entlassung zu rechtfertigen.[1])

Zu § 16.

[1]) **Dienstverhältniss des Flossführers.** Der § 16 entspricht dem § 20 G. über die Binnenschiffahrt mit den Abweichungen, welche sich daraus ergeben, daß der Floßführer in der Regel nur für eine bestimmte Reise, welche am Ablieferungsort enden soll, angenommen wird.

§. 17.[1])

Zur Floßmannschaft gehören mit Ausnahme des Floßführers alle zum Flößereidienste auf dem Floße angestellten Personen.

Die Floßmannschaft untersteht der Gewerbeordnung.

Zu § 17.

[1]) **Flossmannschaft.** Die §§ 17—21 entsprechen im Wesentlichen den §§ 21—25 G. über die Binnenschiffahrt.

§. 18.

Die Verpflichtung des Floßmannes zum Dienstantritt beginnt, wenn nichts Anderes verabredet ist, mit dem Abschlusse des Dienstvertrages. Tritt der Floßmann den Dienst nicht binnen vierundzwanzig Stunden an, so braucht er nicht mehr angenommen zu werden. Seine Verbindlichkeit zum Schadensersatze wird hierdurch nicht berührt.

§. 19.

Der Floßmann ist verpflichtet, in Ansehung des Floßdienstes den Anordnungen des Floßführers Folge zu leisten und jederzeit alle für die Flößerei ihm übertragenen Arbeiten zu verrichten.[1])

Er darf das Floß ohne Erlaubniß des Floßführers nicht verlassen.

Wird das Floß von einem Unfall betroffen, so hat der Floßmann für Rettung der Personen und für Sicherung der Floßtheile und der Geräthschaften den Anordnungen des Floßführers gemäß nach besten Kräften zu sorgen.

Zu § 19.

[1]) Zu den Arbeiten für die Flößerei, welche der Floßführer zu verrichten hat, gehören nicht nur die auf die Fortbewegung des Floßes bezüglichen Verrichtungen, sondern

auch die Arbeiten, welche behufs Herstellung des Floßes und etwa zur Verbringung der Hölzer an das Land erforderlich sind (Begr. S. 14).

§. 20.

Wenn über die Zeit der Lohnzahlung nichts Anderes vereinbart ist, so kann der Floßmann am Schlusse jeder zweiten Woche die Auszahlung des verdienten Lohnes verlangen.

§. 21.

Das Dienstverhältniß des Floßmannes endigt, sofern nicht ein Anderes verabredet ist, mit der Vollendung der Reise und der Ablieferung des Floßes.

Hinsichtlich der Voraussetzungen, unter welchen beiden Theilen das Recht zusteht, die Auflösung des Dienstverhältnisses vor Ablauf der vertragsmäßigen Zeit zu verlangen, finden die Bestimmungen der §§. 123 bis 124a der Gewerbeordnung mit der Maßgabe Anwendung, daß die sofortige Entlassung des Floßmannes auch stattfinden kann, wenn der Antritt oder die Fortsetzung der Reise durch den Eintritt des Winters verhindert wird.

Ist ein die sofortige Entlassung rechtfertigender Grund nicht vorhanden, so kann der Floßmann zwar jederzeit seines Dienstes enthoben werden, jedoch unbeschadet seiner Entschädigungsansprüche für die vertragsmäßige Dauer des Dienstverhältnisses.

Wird das Dienstverhältniß vor der Ankunft des Floßes am Ablieferungsorte während der Reise aufgehoben, so hat der Floßmann Anspruch auf die Kosten der Rückreise nach dem Orte, an welchem er in Dienst getreten ist. Diese Bestimmung findet keine Anwendung, wenn der Floßmann sich einer Handlung schuldig gemacht hat, welche geeignet ist, seine sofortige Entlassung zu rechtfertigen.

§. 22.

Für Beschädigungen, welche in Folge des Verschuldens des Floßführers oder einer Person der Floßmannschaft durch das Floß verursacht werden, haftet der Eigenthümer mit dem Floße, unbeschadet seines Rückgriffsrechts gegen den Frachtflößer und gegen die schuldigen Personen. Für das Verschulden eines Zwangslootsen ist der Eigenthümer nicht verantwortlich.[1])

Dem Entschädigungsberechtigten steht wegen seines Anspruchs ein Pfandrecht an dem Floße mit den im §. 41 der Konkursordnung bezeichneten Wirkungen zu. Das Pfandrecht ist, solange das geflößte Holz noch ein geschlossenes Floß bildet, gegen jeden Besitzer verfolgbar. Nach diesem Zeitpunkte kann das Pfandrecht nicht zum Nachtheile des dritten Erwerbers, der den Besitz in gutem Glauben erlangt hat, geltend gemacht werden.[2])

Die Klage kann, solange das Floß noch nicht abgeliefert ist, gegen den Floßführer gerichtet werden.

Zu § 22.

¹) **Beschädigung durch Flösse.** a. Der § 22 Abs. 1 erkennt die Haftung des Floßeigenthümers mit dem Floße an für Beschädigungen, welche dasselbe in Folge eines Verschuldens des Floßführers oder der Floßmannschaft verursacht, und zwar ohne Rücksicht darauf, ob die Besatzung im Dienste des Floßeigenthümers gestanden hat oder nicht. Der Eigenthümer haftet dagegen nicht für Schäden, welche durch Verschulden der Floßbesatzung bei Ausführung ihrer Dienstverrichtungen herbeigeführt sind, aber nicht unmittelbar durch das Floß, sondern in anderer Weise (Begr. S. 15).

b. Wird der Floßeigenthümer, der die Beförderung des Floßes einem Frachtflößer übertragen hat, auf Grund des § 22 in Anspruch genommen, so kann er auf Grund des Art. 400 H.G.B. Regreß an den Frachtflößer und die schuldigen Personen nehmen (Begr. S. 16).

²) a. Nach Abs. 1 haftet der Eigenthümer nur mit dem Floße, nicht persönlich (§ 23). Den Entschädigungsberechtigten ist daher ein Pfandrecht, und im Konkurse ein Absonderungsrecht an dem Floße eingeräumt.

b. Gegenstand des Pfandrechts ist das Floß in demjenigen Umfange, welchen es bei Zufügung des Schadens hatte. Jede zu einem Ganzen verbundene, für sich schwimmende Menge von Floßhölzern muß als ein selbstständiges Floß im Sinne des Gesetzes angesehen werden. Es ist auch ohne Bedeutung, ob ein Floß vorher mit anderen Flößen zu einem Ganzen verbunden war oder später mit anderen in dieser Weise verbunden wird. Namentlich wird hierdurch, selbst wenn die verschiedenen Theile eines solchen Gesammtfloßes demselben Eigenthümer gehören, die Haftung des Eigenthümers und das Pfandrecht des Geschädigten niemals auf andere Hölzer ausgedehnt, als auf diejenigen, aus welchen das den Schaden verursachende Floß zur Zeit der Schadenszufügung bestand (Begr. S. 16).

c. Das Pfandrecht gewährt dem Geschädigten nur das Recht, vorzugsweise Befriedigung aus dem Floß im Wege der Klage zu erwirken, nicht aber das Recht, das Floß oder Theile desselben an sich zu nehmen oder festzuhalten. Die landesgesetzlichen Bestimmungen jedoch, welche dem Grundbesitzer die Befugniß einräumen, einen Gegenstand, durch welchen sein Grundstück beschädigt worden ist, unter gewissen Voraussetzungen im Wege der Selbsthülfe zu pfänden und es nur gegen Sicherheitsleistung freizugeben, bleiben unberührt.

d. Das Pfandrecht ist gegen jeden dritten Besitzer verfolgbar, so lange das geflößte Holz noch ein geschlossenes Floß bildet, als Fahrzeug zu betrachten ist (Komm.Ber. S. 6). Ist dasselbe aufgelöst, so ist das Holz nur wie eine Waare zu betrachten und das Pfandrecht kann von da ab (entsprechend § 89 Abs. 2, § 98 G. über die Binnenschiffahrt, Art. 306 H.G.B.) zum Nachtheil des dritten Erwerbers, der den Besitz in gutem Glauben erlangt hat, nicht geltend gemacht werden.

§. 23.

Eine persönliche Verpflichtung des Eigenthümers wird durch die Bestimmungen des §. 22 nicht begründet. Soweit jedoch im Falle der Veräußerung des Floßes das Pfandrecht an diesem erlischt, haftet der Veräußerer in Höhe des Erlöses persönlich.[1])

Eine nach dem bürgerlichen Rechte begründete persönliche Haftung des Eigenthümers des Floßes oder des Frachtflößers wird hierdurch nicht berührt.[2])

Zu § 23.

[1]) Der § 23 Abs. 1 beruht auf demselben Grunde, wie der § 114 G. über die Binnenschiffahrt. Da der Eigenthümer nur mit dem Floße haftet, so soll er zum Nachtheil der Pfandgläubiger sich durch die Veräußerung nicht mit dem Erlöse bereichern dürfen.

[2]) Das Gesetz enthält keine Bestimmung, ob der Frachtflößer auch dem Geschädigten gegenüber unmittelbar für den durch ein Verschulden der Floßbesatzung verursachten Schaden haftet. In dieser Beziehung sowie in Betreff der Frage, ob der Floßeigenthümer, welcher zugleich der Dienstherr der Besatzung ist, für deren Verschulden auch persönlich haftet, verbleibt es bei den Bestimmungen des bürgerlichen Rechts, z. B. bei dem Rheinischen Recht, welches eine persönliche Haftung des Dienstherrn für unerlaubte Handlungen der von ihm angestellten Personen anerkennt (Begr. S. 17).

§. 24.[1])

Wird ein in Gefahr befindliches, von der Floßbesatzung verlassenes Floß oder werden Theile eines Floßes, welche auf dem Wasser treiben oder an das Ufer getrieben sind, geborgen, so hat der Berger Anspruch auf Bergelohn.

Wird außer den bezeichneten Fällen ein Floß durch die Hülfe dritter Personen aus einer Gefahr gerettet, so haben diese Anspruch auf Hülfslohn.

Der Besatzung des Floßes steht ein Anspruch auf Berge- oder Hülfslohn nicht zu.[2])

Zu § 24.

1) **Bergung und Hülfeleistung.** Die §§ 24—29 entsprechen im Wesentlichen den §§ 93—100 Gesetz über die Binnenschiffahrt.

2) Der § 24 berücksichtigt in Anlehnung an die §§ 20, 21 Strandungsordnung vom 17. Mai 1874 (R.G.Bl. S. 73) die Bergung auch hinsichtlich der auf dem Wasser treibenden oder an das Ufer getriebenen Floßtheile, gewährt Bergelohn, versagt ihn aber (§ 27 Ziff. 2), wenn von den geborgenen Gegenständen nicht sofort Anzeige gemacht wird.

§. 25.

In Ermangelung einer Vereinbarung wird die Höhe des Berge- oder Hülfslohnes unter Berücksichtigung der Umstände des Falles durch das Gericht nach billigem Ermessen festgesetzt.

Der Berge- und Hülfslohn umfaßt zugleich die Vergütung für die Aufwendungen, welche zum Zweck des Bergens und Rettens geschehen sind.

Nicht darin enthalten sind die Kosten und Gebühren der Behörden, die Kosten für die Aufbewahrung, Erhaltung, Abschätzung und Veräußerung der geborgenen oder geretteten Gegenstände, sowie die auf diesen ruhenden Zölle und sonstigen Abgaben.

Bei der Bestimmung des Betrages des Berge- oder Hülfslohnes kommen insbesondere in Anschlag: der bewiesene Eifer, die verwendete Zeit, die geleisteten Dienste, die geschehenen Aufwendungen, die Zahl der thätig gewesenen Personen, die Gefahr, welcher dieselben ihre Person, ihre Fahrzeuge oder ihre Geräthe ausgesetzt haben, sowie die Gefahr, welche den geborgenen oder geretteten Gegenständen gedroht hat, und der nach Abzug der Kosten (Absatz 3) verbliebene Werth derselben.

§. 26.

Haben sich mehrere Personen an der Bergung oder Hülfeleistung betheiligt, so wird der Berge- oder Hülfslohn unter dieselben nach Maßgabe der persönlichen und sachlichen Leistungen der Einzelnen vertheilt.

Zur entsprechenden Theilnahme sind auch diejenigen berechtigt, welche sich in derselben Gefahr der Rettung von Menschen unterzogen haben.

§. 27.

Auf Berge- und Hülfslohn hat keinen Anspruch:

1. wer seine Dienste aufgedrungen, insbesondere wer ohne Erlaubniß des anwesenden Floßführers das Floß betreten hat;
2. wer von den geborgenen Gegenständen dem Floßführer, dem Eigenthümer oder der zuständigen Behörde nicht sofort Anzeige gemacht hat.

§. 28.

Wegen der Bergungs- und Hülfskosten, einschließlich des Berge- und Hülfslohnes, steht dem Gläubiger an den geborgenen oder geretteten Gegenständen ein Pfandrecht mit den im §. 41 der Konkursordnung bezeichneten Wirkungen zu. Geborgene Gegenstände können bis zur Sicherheitsleistung zurückbehalten werden.

In Bezug auf die Verfolgbarkeit des Pfandrechts gegen dritte Besitzer finden die Bestimmungen des §. 22 Absatz 2 und in Bezug auf die persönliche Verpflichtung des Eigenthümers des Floßes die Bestimmungen des §. 23 Absatz 1 entsprechende Anwendung.

Die Pfandklage kann, solange die geretteten Gegenstände noch nicht an den Empfänger ausgeliefert sind, gegen den Floßführer gerichtet werden. Zuständig ist das Gericht, in dessen Bezirke die Bergung oder Hülfeleistung stattgefunden hat.

§. 29.

Die Pfandrechte für Bergungs- und Hülfskosten haben den Vorrang vor den Pfandrechten für Ansprüche wegen Beschädigung durch das Floß (§. 22). Unter mehreren Pfandrechten der ersteren Art geht das später entstandene dem früher entstandenen vor; mehrere Pfandrechte für Ansprüche wegen Beschädigung stehen im Range gleich.

Beide Arten von Pfandrechten gehen allen sonstigen Pfandrechten vor.[1])

Zu § 29.

[1]) Nach § 29 haben die Bergungs- und Hülfskosten, da bei ihnen der Gesichtspunkt der nützlichen Verwendung entscheidet, den Vorrang vor allen sonst etwa begründeten Pfandrechten, und aus demselben Grunde geht unter den ersteren das später entstandene den früheren vor. Da-

gegen stehen mehrere Ansprüche für Beschädigungen durch das Floß einander im Range **gleich**. Die Bergungs- und Hülfskosten sowie die Ansprüche für Beschädigungen gehen allen anderen Pfandrechten vor. — Die Bestimmung des § 14 Vereinszoll-G. vom 1. Juli 1869, wonach die zollpflichtigen Gegenstände ohne Rücksicht auf die Rechte eines Dritten für den darauf ruhenden Zoll haften, bleibt unberührt. (Begr. S. 18.)

§. 30.

Mit dem Ablaufe eines Jahres verjähren:

1. die öffentlichen Abgaben für die Flößerei, insbesondere die Brücken-, Schleusen-, Kanal- und Hafengelder;
2. die aus den Dienstverträgen herrührenden Forderungen des Floßführers und der Floßmannschaft;
3. die Ersatzansprüche wegen Beschädigung durch ein Floß, sowie die Erstattungsforderung des Eigenthümers des Floßes gegen den Frachtflößer und gegen den Floßführer oder die Floßmannschaft (§. 22 Absatz 1);
4. die Bergungs- und Hülfskosten, einschließlich des Berge- und Hülfslohnes;
5. die Forderungen des Frachtflößers wegen der Fracht mit Nebengebühren und Auslagen.

Die Verjährung beginnt mit dem Schlusse des Jahres, in welchem die Forderung fällig geworden ist.[1])

Zu § 30.

[1]) Der § 30 entspricht den §§ 118, 119 G. über die Binnenschiffahrt. Daneben bewendet es bei dem Art. 408 Abs. 3 H.G.B., daß die Ansprüche des Absenders des Floßes gegen den Frachtflößer wegen Verlustes oder Beschädigung des Floßes in einem Jahre verjähren.

§. 31.

In bürgerlichen Rechtsstreitigkeiten, in welchen durch die Klage ein Anspruch auf Grund der Bestimmungen dieses Gesetzes geltend gemacht ist, wird die Verhandlung und Entscheidung letzter Instanz im Sinne des §. 8 des Einführungsgesetzes zum Gerichtsverfassungsgesetze dem Reichsgerichte zugewiesen.[1])

Zu § 31.

[1]) Der § 31 entspricht dem § 138 Abs. 2 G. über die Binnenschiffahrt. Dagegen ist eine dessen Abs. 1 entsprechende Vorschrift über die Zuständigkeit der Kammern für Handelssachen für alle Ansprüche aus den Rechtsverhältnissen der Binnenschiffahrt, nicht für die Flößerei übernommen. Soweit es sich um Streitigkeiten zwischen dem Floßeigenthümer und dem Frachtflößer handelt, ist diese Zuständigkeit nach § 101 Ziff. 1 Gerichtsverfassungs-G. begründet, wenn der zu Grunde liegende Vertrag auf Seiten beider Betheiligten ein Handelsgeschäft ist. (Begr. S. 18.)

§. 32.

Der Bundesrath ist befugt, Bestimmungen über den Befähigungsnachweis der Floßführer zu treffen. Bezüglich der Flößerei auf Wasserstraßen, auf welchen eine regelmäßige Schiffahrt nicht stattfindet, steht diese Befugniß der Landesregierung zu.

Wer den Bestimmungen zuwider das Gewerbe eines Floßführers ausübt, wird mit Geldstrafe bis zu dreihundert Mark bestraft.

§. 33.

Dieses Gesetz tritt am 1. Januar 1896 in Kraft.

Urkundlich unter Unserer Höchsteigenhändigen Unterschrift und beigedrucktem Kaiserlichen Insiegel.

Gegeben Neues Palais, den 15. Juni 1895.

(L. S.) **Wilhelm.**

Fürst zu Hohenlohe.

Sachregister.

(Die Ziffern bezeichnen die Seiten.)

A.

B.

G.

H.

J.

K.

L.

T.

U.

V.

W.

Z.

Druck der Norddeutschen Buchdruckerei, Berlin SW., Wilhelmstraße 32.

Kolibri 360 GmbH
Ferdinand-Jühlke-Straße 7
99095 Erfurt, Deutschland
produktsicherheit@kolibri360.de